深埋薄层板岩隧道变形机理及高预紧恒阻锚索控制技术

李　干　王丰年　陶志刚
李梦楠　米　蒙　郝　宇　著

北　京
冶金工业出版社
2020

内 容 提 要

本书以我国兰海高速 G75 段——渭武高速公路木寨岭极高地应力软岩隧道为主要研究对象，运用工程地质学、工程岩体力学、软岩工程力学、岩石力学性能测试、物理模型实验、数值计算等手段，系统分析了木寨岭隧道工程地质和水文地质特征，研究并总结了薄层状板岩隧道变形破坏模式、破坏机理以及破坏主控因素。首次提出了高预紧力恒阻大变形锚索隧道围岩主动支护设计，并对高预紧力锚索支护效果进行系统评价。现场工业试验表明，高预紧力恒阻大变形锚索对极高地应力薄层状软岩隧道大变形治理有显著效果，可有效将围岩变形控制在 300mm 以内（原设计最大变形量 3145mm），换拱率由原设计的 30%降为 0，取得了显著的经济效益和社会效益。研究成果对类似软岩隧道大变形治理以及支护参数设计研究具有较重要的参考价值和借鉴意义。

本书可供从事隧道工程、交通工程、矿业工程、水利工程、国防工程等专业的工程技术人员、研究人员学习参考，也可供从事地质工程、岩体力学、隧道工程、岩土工程等专业的大专院校师生阅读使用。

图书在版编目(CIP)数据

深埋薄层板岩隧道变形机理及高预紧恒阻锚索控制技术/李干等著．—北京：冶金工业出版社，2020. 1

ISBN 978-7-5024-8393-7

Ⅰ. ①深… Ⅱ. ①李… Ⅲ. ①围岩变形—隧道支护—研究 Ⅳ. ①U455. 7

中国版本图书馆 CIP 数据核字(2020)第 010746 号

出 版 人　陈玉千
地　　址　北京市东城区嵩祝院北巷 39 号　邮编　100009　电话　(010)64027926
网　　址　www.cnmip.com.cn　电子信箱　yjcbs@ cnmip. com. cn
责任编辑　夏小雪　美术编辑　彭子赫　版式设计　禹　蕊
责任校对　卿文春　责任印制　李玉山
ISBN 978-7-5024-8393-7
冶金工业出版社出版发行；各地新华书店经销；三河市双峰印刷装订有限公司印刷
2020 年 1 月第 1 版，2020 年 1 月第 1 次印刷
169mm×239mm；9. 25 印张；177 千字；136 页
50. 00 元

冶金工业出版社　投稿电话　(010)64027932　投稿信箱　tougao@cnmip. com. cn
冶金工业出版社营销中心　电话　(010)64044283　传真　(010)64027893
冶金工业出版社天猫旗舰店　yjgycbs. tmall. com
（本书如有印装质量问题，本社营销中心负责退换）

前　言

近年来，我国铁路及公路隧道建设呈现跨越式发展，根据《中华人民共和国铁路隧道列表（2017 年）》，中国国家铁路运营隧道共 14547 座（长度 15326km，不含港澳台），在建隧道 3825 座（长度 8125km）。根据《中国公路隧道列表（2016 年）》，我国公路隧道 15181 处（长度 14039.7km，不含港澳台），其中包括特长隧道 815 处、长隧道 3520 处。软弱破碎围岩隧道占比较大，在施工过程中容易出现软岩大变形及塌方等灾害。其中，木寨岭铁路隧道与木寨岭公路隧道较为典型，兰渝铁路木寨岭隧道被冠以全国铁路高风险隧道之最，建设历时八年。木寨岭公路隧道与铁路隧道地质条件类似，且断面面积大于铁路隧道。基于传统方式的隧道支护策略已经不能适应木寨岭隧道特殊的薄层状板岩围岩结构，迫切需要研究新的支护体系。高预应力恒阻锚杆/索支护方法已经在煤炭巷道支护中得到了广泛应用并取得了较好的效果，但其在隧道软岩中的应用及调控机理的研究较为匮乏。

木寨岭公路隧道属于超长公路隧道，全长 15226m，最大埋深 629.1m，断面面积大于 $120m^2$，地质构造复杂，褶皱带活动强烈，近东西走向断层发育，隧道沿线地质存在 3 个背斜、3 个向斜构造，6 处褶皱和 12 条大断层破碎带以及碳质板岩地层，属于流变性高地应力节理化围岩，变形机理极其复杂。地应力 N34E，最大水平主应力 24.95MPa。其中 2 号、3 号斜井总长 3078m，施工期间共发生 14 处大变形，长度 997m，占总长度的 32.4%。换拱率分别达到了 30% 和 36%，最大变形 3145mm，最大变形速率 831mm/d，大变形段落年掘进量小于 100m，造成施工方工程技术经济指标差、隧道工期紧张等重大损失。因此，针对木寨岭高地应力薄层状板岩等特殊地质条件，开展隧道软岩大变形主动支护技术。采用高预紧力恒阻锚索主动控制新技术对公路交通行业具有划时代的意义。

本书作者以我国兰海高速G75段——渭武高速公路木寨岭极高地应力软岩隧道为主要研究对象，运用工程地质学、工程岩体力学、软岩工程力学、岩石力学性能测试、物理模型实验、数值计算等手段，系统分析了木寨岭隧道工程地质和水文地质特征，研究并总结了薄层状板岩隧道变形破坏模式、破坏机理以及破坏主控因素。同时，基于极高地应力条件下非对称结构变形特征、薄层状板岩结构挠曲大变形形式、遇水软化高应力节理化软岩变形机理，首次提出了高预紧力恒阻大变形锚索隧道围岩主动支护设计，并对高预紧力锚索支护效果进行系统评价。现场工业试验表明，高预紧力恒阻大变形锚索，对极高地应力薄层状软岩隧道大变形治理有显著效果，可有效将围岩变形控制在300mm以内（原设计最大变形量3145mm），换拱率由原设计的30%降为0，取得了显著的经济效益和社会效益。研究成果对类似软岩隧道大变形治理以及支护参数设计研究具有较重要的参考价值和借鉴意义。

本书由清华大学李干（博士后），甘肃公航旅集团总工程师乔小兵，中国矿业大学（北京）副教授陶志刚、王丰年（博士）、米蒙（硕士）、李梦楠（硕士），内蒙古太平矿业工程师郝宇，甘肃长达路业有限公司主任王治才、工程科科长陈伟详、中铁隧道局二处木寨岭隧道工程项目经理唐绍武等共同协作完成。本书共分6章：第1章，引言；第2章，木寨岭隧道2号斜井工程地质条件及围岩工程特征；第3章，木寨岭隧道2号斜井变形机理研究；第4章，高预紧力恒阻锚索支护机制及数值模拟分析；第5章，高预紧力恒阻锚索支护控制方案及其实验分析；第6章，现场实测分析。

本次研究工作和本书的出版得到了中国科学院何满潮院士、孙晓明教授、郭志飚教授、陶志刚副教授、甘肃公航旅集团总工程师乔小兵、中交第一勘察设计研究院张亚高级工程师等专家学者的悉心指导和学术支持。本书编写过程中参阅并引用了大量国内外有关专家文献，谨向文献作者表示感谢。

囿于作者水平，书中不足之处，敬请广大专家和读者批评指正。

李　干

2019 年 11 月于北京

目　　录

1 引　　言

近年来我国铁路及公路隧道建设呈现跨越式发展，根据《中华人民共和国铁路隧道列表（2017 年）》，中国国家铁路运营隧道共 14547 座（长度 15326km，不含港澳台），在建隧道 3825 座（长度 8125km）。根据《中国公路隧道列表（2016 年）》，我国公路隧道 15181 处（长度 14039.7km，不含港澳台），其中包括特长隧道 815 处、长隧道 3520 处。软弱破碎围岩隧道占比较大，在施工过程中容易出现软岩大变形及塌方等灾害。其中，木寨岭铁路隧道与木寨岭公路隧道较为典型，兰渝铁路木寨岭隧道被冠以全国铁路高风险隧道之最，建设历时八年。木寨岭公路隧道与铁路隧道地质条件类似，且断面面积大于铁路隧道。基于传统方式的隧道支护策略已经不能适应木寨岭隧道特殊的薄层状板岩围岩结构，迫切需要研究新的支护体系。高预应力恒阻支护方法已经在煤炭巷道支护中得到了广泛应用并取得了较好的效果，但其在软岩隧道中的应用及调控机理的研究较为匮乏。

1.1 问题的提出

国内外软岩隧道坍塌及失稳事故频发，例如辛普伦Ⅰ线隧道（1906 年竣工）[1,2] 总长度 19.8km，连接瑞士与意大利，穿越阿尔卑斯山并且地质条件复杂，出现了高温、富水及围岩大变形现象。其中一段围岩为石灰质云母片岩，虽然长度仅为 42m，但施工时间达 18 个月，并且隧道竣工后还进行了反复治理。陶恩隧道（建设时间 1970~1975 年）围岩主要由泥岩及千枚岩构成，最大位移量为 120cm，最大位移速度达到 20cm/d，初期支护措施为 6m 长锚杆及 25cm 厚混凝土喷浆。阿尔贝格隧道（建设时间 1974~1979 年）位于奥地利，隧道围岩主要由千枚岩、片麻岩及泥岩组成，围岩强度较低，最大埋深 740m，初期支护措施为 13m 长锚杆及 25cm 厚混凝土，局部地段产生了 20~35cm 的位移，最大位移速度 11.5cm/d。中屋隧道位于日本，围岩主要为膨胀性凝灰岩，拱顶下沉最大 132mm，左右帮收敛 215.3mm，部分锚杆（长度为 9m）被拉断。木栅隧道位于中国台湾，在通过断层时发生了隧道大变形现象，拱顶下沉 150cm，两帮收敛 70cm，采用了预紧力锚索（锚索长 15~17m，预紧力 500kN）对隧道进行了治理，取得了良好效果。其他隧道例如：家竹箐隧道（煤系地层）、乌鞘岭隧道（板岩及千枚岩）、关角隧道（泥灰岩）、木寨岭铁路隧道（薄层板岩）、龙潭隧道、旧堡隧道（节理发育）、新属河隧道（片岩）等均出现了软岩大变形现象。随着我国公路及铁路事业的高速发展，软岩隧道数量将会快速增长，因此完善软弱围岩隧道支护设计刻不容缓。

渭武高速是国家高速公路网中兰海高速的重要路段，该项目建设对完善公路网总体布局以及改善甘肃区域交通，带动甘肃中南部经济发展有重要意义。如图1.1所示，木寨岭隧道位于渭武高速公路咽喉部位，同时由于其地质条件特殊性（深埋、高地应力、薄层板岩围岩结构等）也是制约渭武高速全线通车的关键因素。

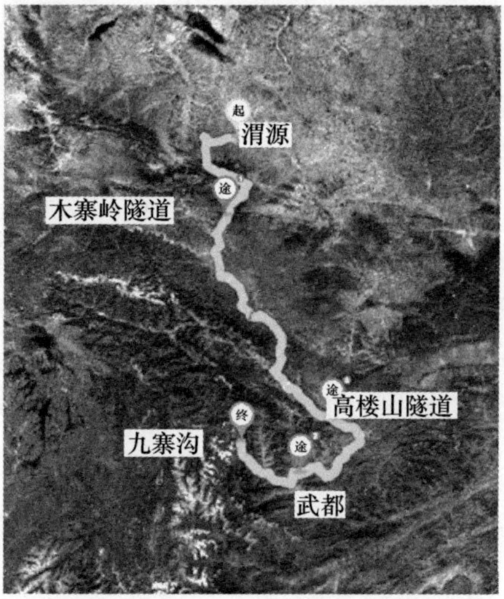

图 1.1　木寨岭隧道地理位置

本书依托木寨岭隧道2号斜井进行薄层状软岩隧道破坏机理及支护措施的探索。木寨岭隧道2号斜井围岩主要由薄层炭质板岩为主，节理发育，板岩厚度集中在10cm左右，层理角度0°~90°内皆有分布，部位区域含水较大。在建设期间出现了初支开裂、拱架扭曲等现象，最大变形量达3145mm，最大变形收敛速度814mm/d，如图1.2和图1.3所示。

先期对于木寨岭2号斜井围岩大变形的治理主要采用加大初期支护强度，例如双层钢拱架支护、加密高强钢拱架纵距等。但是上述方案并未产生让人满意的效果，据统计，隧道换拱率达27%。何满潮院士[3,4]研发了具有负泊松比效应的恒阻锚索（杆），并且在煤矿软岩大变形治理领域得到广泛应用，取得了不错的支护效果。该技术一方面解决了普通锚索延展率低的缺点，另一方面能够实现较大预紧力，实现“抗—让”结合的支护理念。在国内，将高预紧力恒阻锚索支护系统应用于软岩隧道尚属首次，因此，开展薄层状板岩隧道围岩变形机理及高预紧力锚索支护系统调控技术的研究，具有重要的理论及应用价值。

图 1.2 隧道围岩变形情况

图 1.3 初期支护变形开裂及围岩股状水流出

1.2 国内外研究现状

1.2.1 板岩隧道围岩力学特征及深埋软岩隧道研究现状

（1）变形各向异性特征。板岩具有明显的层理及软弱结构面特征，其强度存在明显的各向异性并与围岩倾角密切相关。Tao G[5] 与 Homand F[6] 采用声波法对板岩力学性质进行研究，得到了任意夹角下的板岩弹性模量的计算方法，如式

(1.1) 所示。

$$\frac{1}{E(\theta)}=\frac{\sin^4\theta}{E_1}+\left(\frac{1}{G_{12}}-\frac{\mu_{12}}{E_1}-\frac{\mu_{21}}{E_2}\right)\times\sin^2\theta\cos^2\theta+\frac{\cos^4\theta}{E_2} \tag{1.1}$$

式中，$E(\theta)$ 为任意角度时板岩弹性模量；E_1、μ_{21} 表示节理为水平倾角时弹性模量及泊松比；G_{12}、E_2、μ_{12}分别为垂直节理时的剪切模量、弹性模量及泊松比。

Chen C S[7] 等人采用巴西劈裂实验研究具有各向异性的岩石变形特征及抗拉强度，研究认为岩石抗拉强度取决于试件节理与载荷方向之间的夹角。Nasseri M H B[8] 等人对不同节理倾角（0°~90°）下的片岩进行了单轴及三轴实验，研究了岩体强度与倾角之间的相互关系，建立了岩体强度随节理倾角变化的预测模型。冒海军[9] 等人运用单弱面理论研究了单组结构面板岩抗压强度随节理角度的变化，研究表明当结构面倾角在 51.7°时，板岩抗压强度最小。刘亚群[10] 等人基于 Hoek-Brown 强度准则，改进了对层状岩体完成性的定义，提出了考虑节理倾角的岩体强度计算方法。因此，本书在分析木寨岭隧道 2 号斜井变形机理时，考虑不同节理倾角下隧道围岩的变形特征。

(2) 水对板岩影响。杨春和[11] 等人通过电子扫描镜以及 X 射线衍射，研究了水与板岩的相互作用机理，研究表明板岩吸水率受节理面产状、节理密度影响；板岩吸水后体积膨胀且胶结松散；根据三轴实验表明，板岩吸水后软化并且峰值强度随着吸水率增加按负指数规律降低。王慧文[12] 等人对不同层理角度，不同饱和含水率情况下的板岩进行巴西劈裂实验，研究表明：随着含水率增加，板岩抗拉强度明显降低。宋勇军[13] 等人通过对木寨岭铁路隧道板岩，在干燥及饱和条件下的单轴循环加卸载实验研究，得出：水对板岩影响较大，饱和岩样在循环加载过程中变形量急剧增长，干燥岩石在循环加卸载过程中的弹性模量约为饱和岩样的两倍。刘小军[14] 等人对不同含水率条件下的浅变质板岩进行了单轴蠕变特性实验研究，建立了板岩蠕变参数与含水饱和度之间的数学关系，研究认为黏性模量与饱和度呈负指数相关。综上所述，板岩在水的影响下的弱化作用也是影响隧道稳定性的关键因素。

(3) 深埋高地应力软岩隧道。张德华[15] 等人结合兰新铁路大梁隧道，对比研究了高地应力作用下型钢钢架与格栅钢架支护效果，研究表明：型钢对沉降及水平收敛前期作用效果明显，但由于围岩压力的作用，钢拱架变形收敛时间较长；格栅钢架由于其柔性支护的特点，先期对围岩控制效果没有型钢明显，但是能够释放围岩应力；作者提出了先期采用格栅释放能量，后期采用工字钢进行刚性支护的方案，取得了比较不错的现场效果。李鹏飞[16] 等人通过对围压压力、初喷及钢拱架应力、锚杆轴力及围岩深部位移的监测，得到了堡镇隧道在高应力作用下各支护体的力学响应。沙鹏[17] 等人采用现场实测及数值模拟的方法对兰渝铁路两水隧道（层状地层）围岩受力情况进行分析，研究认为由于层状岩体强度各向异性，导致钢拱架受力及围岩变形的不均匀性。郭小龙[18]等人对通过基础力学实验分析了层状围岩强度及变形的各向异性，并采用数值分析的方法对高应力陡倾层状杨家坪隧道的变形破坏机理进行研究，研究认为：隧道变形以两侧收敛为主，深部围岩主要发生层面剪切破坏。Chengyong Cao[19]等人分析了典型的软弱隧道（老东山隧道）初期支护的变形破坏特征及破坏原因，总结出了施工过程中影响隧道围岩稳定性的因素：高地应力、岩体强度较低、水岩耦合、支护强度较弱、初期支护闭环时间过长等。提出了高应力软岩隧道支护应该将能量释放与支护阻力相结合，支护强度应该根据地质预测进行动态调整。具体支护措施主要有：加强预支护、提高支护刚度、注浆加固、提前闭环、及时安装二衬，如图 1.4~图 1.8 所示。

a

b

c

图 1.4 超前探测

a—水平超前探；b—TSP 超前预报；c—GPR 探地雷达

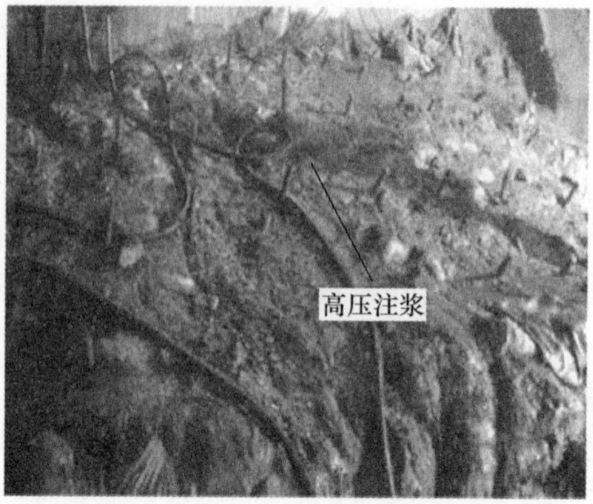

图 1.5　围岩注浆

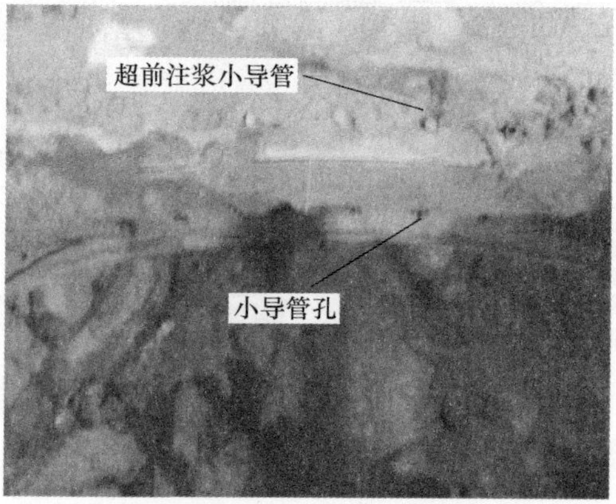

图 1.6　超前小导管及环向钢管

a

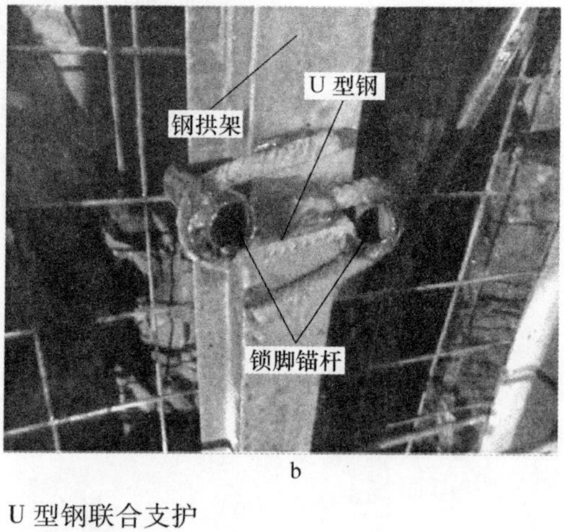

b

图 1.7　H 型钢及 U 型钢联合支护

a—H 型钢拱架；b—U 型钢拱架

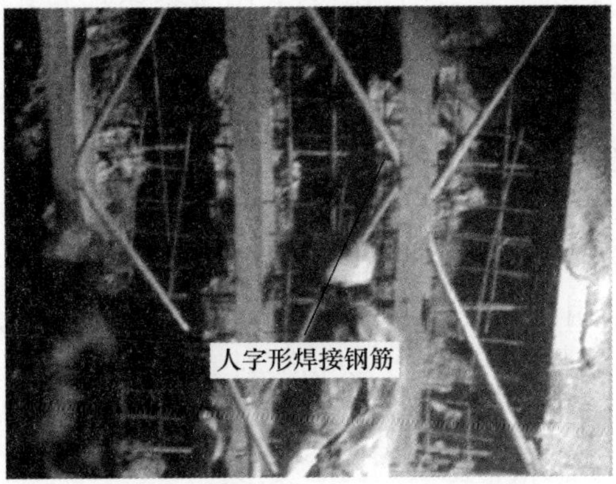

图 1.8 钢拱架之间人字形连接

太宁深长隧道属于典型的深长隧道，其穿越各种挤压断层带及密集节理带，在开挖过程中经常出现高压地下水及软岩大变形现象，Zhang G H[20] 等人提出了采用地质超前综合预测探明地质情况，继而采用能量释放、减压、及时封堵、注浆等控制高压地下水，提高初支支护强度进而控制高应力下的围岩变形。Hoek E. Marinos[21] 等人通过岩石强度及岩体强度的研究，以及对不同埋深条件下隧道变形特征计算，认为岩体强度及地应力大小是影响隧道围岩稳定性的关键因素。Meguid M A、Rowe R K[22] 等人采用三维数值模拟的方法，研究了不同应力条件下隧道围岩变形规律及应力分布规律，分析认为岩体强度与上覆压力之比降至 0.5 以下时，就会发生过大变形，引起隧道失稳。Brox D[23] 等人研究了土耳其安纳托利亚高速公路隧道在穿越断层时的变形特征，认为构造应力、软弱围岩及开挖后应力集中是导致隧道变形的主要原因。Feng X[24] 等人基于深度学习网络，分析了支护刚度（K）、隧道深度（H）、隧道直径（D）和强度-应力比（SSR）等因素对隧道围岩的影响，研究认为在大深度或构造活动区等高地应力区域，隧道出现挤压变形、蠕变变形的概率更大。Xie L X[25] 等人研究了高应力软岩巷道地应力与隧道爆破之间的关系。Wang M Y[26] 等人编制了基于动态显示算法的有限元模拟程序，考虑了深部岩体的弹性、蠕变、应力释放、膨胀及长期强度特征对岩体的影响，建立了岩体的动态破坏本构模型，采用参数反演的方法确定围岩力学参数，模拟结果与实测具有高度一致性。Lin P[27] 等人采用相似材料模拟的方法，研究了具有“深、大、长、群”特点的锦屏二级水电站，研究表明隧道围岩呈现非线性破坏，并且模型实验能够较好地再现隧道围岩变形特征。

1.2.2 软岩隧道变形机理及控制技术研究现状

目前众多专家将软岩分为两类，分别为地质软岩与工程软岩[28,29]，地质软岩评价标准主要与岩石本身的属性相关，例如岩石本身强度（单三轴强度、抗拉强度、抗剪强度等）较低、岩石中裂隙及孔隙含量较高（孔隙度大）、岩石受风化影响较大、岩石化学组成上膨胀性黏土矿物含量较高。工程软岩与地质软岩相比，在考虑其固有属性的基础上，增加了对岩体强度与受力环境的考虑，认为在其所处力学环境影响下，能够发生显著塑性变形的岩体均可以成为工程软岩。根据软岩本身属性及变形机理可以分为：膨胀性软岩、高应力软岩、节理化软岩和复合型软岩。根据高应力来源不同，将高应力软岩可以分为：重力软岩和构造软岩。李文秀[30]等人采用试验及数值模拟的方法研究了喷射活性粉末混凝土衬砌技术在软岩地层隧道中的应用，研究表明喷射活性粉末混凝土能够提高软岩隧道承载及防水能力。刘高[31]等人分析了木寨岭隧道变形破坏特征，研究认为该隧道变形量大且变形速率较快，从隧道围岩变形空间上来看变形不对称性明显；破坏形式主要为初支破坏、掌子面坍塌、仰拱隆起、二衬开裂等；在以上分析的基础上对该隧道变形机理进行了研究，研究认为，工程开挖后导致应力重新分布，引起应力集中，导致围岩塑性区产生及扩张，形成剪切滑移最终导致隧道大变形；作者基于塑性变形设计理念提出了采用锚注支护（长 0.5m，ϕ25mm，中空注浆锚杆）、快速“强行”联合支护（二衬在适当时间强行实施）进行软岩隧道控制。李晓红[32]等人采用 Poyting-Thomoson 模型分析了隧道围岩在有无初支条件下的稳定性，研究认为初支能够有效改变围岩受力状态及减少围岩位移。郭富利[33]等人采用岩石三轴实验仪器对黑色板岩进行了力学测试，描述了板岩长时间饱水状态下应力应变曲线，得出了围压及饱和水对软岩强度影响规律，根据相关岩石力学实验结果提出了支护建议：以围岩动态过程为支护基础，通过超前小导管、掌子面注浆等超前支护改善掌子面应力状态；以围岩本身为支护主体，改善围岩应力状态，提高围岩强度，发挥围岩自承载能力；降低地下水对围岩软化作用；充分发挥和调动围岩自承载能力。孙钧[34]等人指出软岩隧道必须要考虑围岩的流变特性，毛洞开挖完毕后数日进行二衬支护，待二衬（混凝土）强度达到设计强度后，二衬参与围岩共同受力。赵旭峰[35]等人采用三维非线性黏弹性模型对深部软岩隧道力学性态及变形时空规律进行了研究，研究表明：在作业面影响范围内的围岩，开挖面空间效应占主导因素，围岩应力随着工作面推进进行释放；非作业面影响范围内的围岩，岩石流变属性是影响变形的主要因素；深埋隧道且围岩较为软弱时应及时施作二衬，改善围岩受力环境，限制围岩大变形。李丹、夏彬伟[36]等人采用环氧-硅胶系的相似模型材料，借助大型真三轴模型试验机，对毛洞和锚杆加固模型、不同锚杆加固深度模型进行分析，得到了锚杆加固后对围岩影响的规律，研究认为：锚杆支护加固区内的切向应力均大于同位置毛洞切向受力，全长黏结锚杆与围岩之间存在剪切力中性点，中性点至锚杆尾端区域围岩剪切力向洞内，中性点至围岩表面剪切力向围岩深处（如图 1.9 所示）。

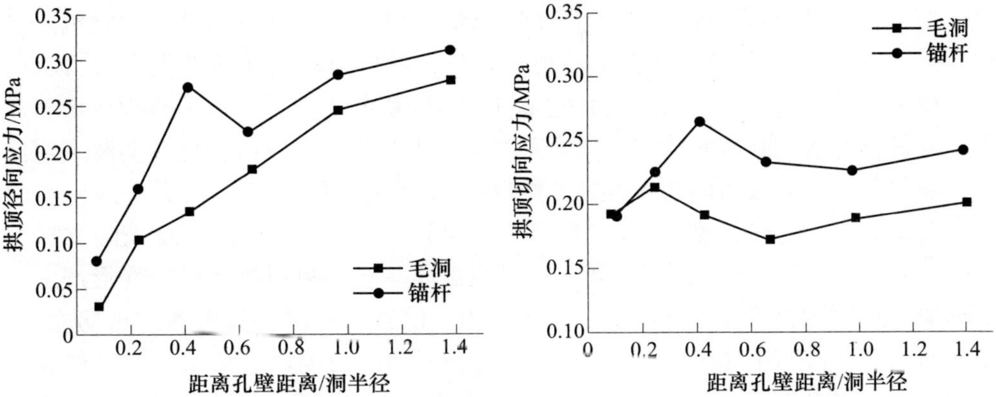

a

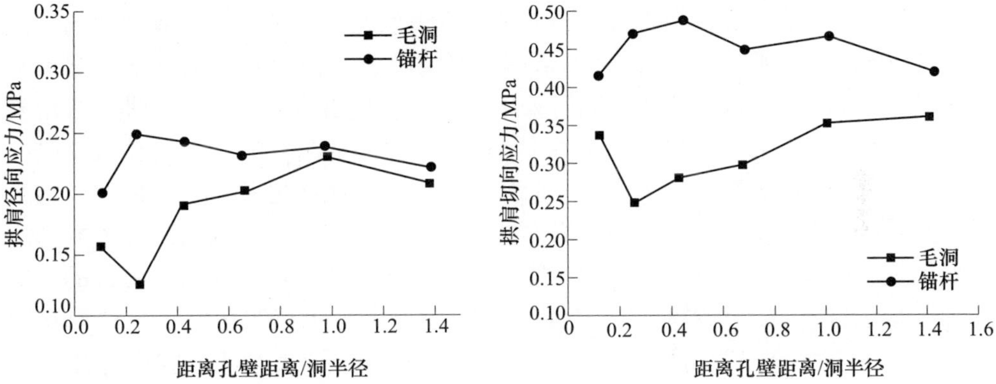

b

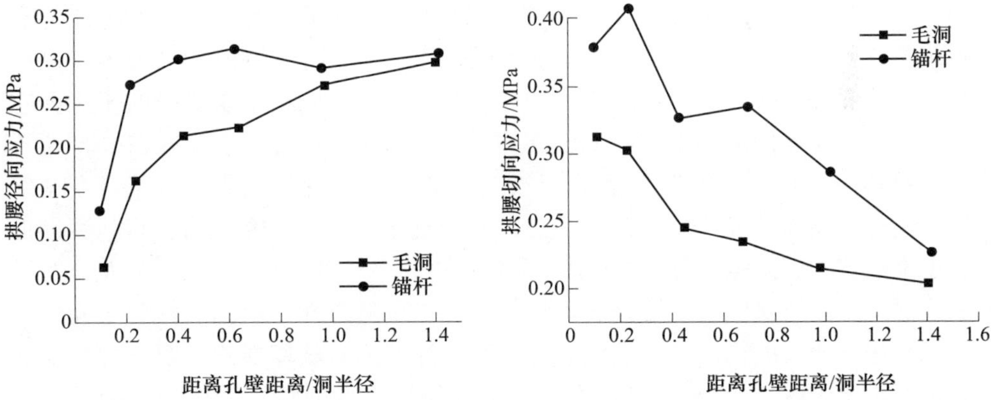

c

图 1.9 锚杆支护与毛洞围岩应力对比

a—拱顶；b—拱肩；c—拱腰

刘志春[37]等人采用日变形量及变形总量为指标，探讨了二衬施作时机。王树仁[38]首先分析了乌鞘岭隧道工程地质条件，对隧道围岩产生的大变形力学机制进行了分析，进一步分析该软岩隧道变形力学机制为应力扩容及结构变形，提出了将符合力学机制转换为单一型的刚隙柔层支护技术，数值及现场实测表明该技术能够有效解决软岩隧道大变形的问题。田洪铭[39,40]等人，认为高地应力软岩隧道具有流变特性，提出采用喷锚网+U 型钢可缩支架+泡沫混凝土的支护方案，研究认为，U 型钢可压缩支架与泡沫混凝土填充层可以吸收围岩变形产生的变形能，同时又能够提供持续稳定的支护力，能够有效保持隧道围岩长期稳定。李鸿博[41]等人对峡口高地应力软岩隧道进行了地应力测试，结果表明虽然隧道埋深不大，但构造应力影响较大，最大水平应力 13.06MPa（最大水平主应力与隧道夹角较大），作者同时进行了隧洞收敛下沉、二衬接触应力、钢拱架结构受力等监测工作，结果表明围岩失稳与支护体系失效的原因是由于岩体产生的持续性流变变形。原小帅[42]等人提出了采用加厚初喷、二衬及双层钢拱架的支护策略进行兰渝铁路两水隧道支护，同时采用数值模拟与伯格斯蠕变模型进行数值验证，实践表明该支护方式能够有效保持隧道稳定性。吴金刚[43]等人对系统锚杆的作用机理和应用效果进行了研究，研究认为：在块状硬岩及层状岩体中，锚杆能够起到悬吊及固定作用，提高围岩内摩擦角及形成组合梁；软弱围岩主要为注浆加固及围岩形成承压拱；土砂围岩锚杆应以锁脚和稳定掌子面为主要目的。田洪铭[44]等人针对由于围岩流变产生的围岩失稳问题，采用数值模拟方法对隧道围岩断面参数进行了优化研究。戴永浩[45]等人通过分析大梁隧道变形特征（变形速度快、持续时间长、变形量大），以及采用室内实验和数值反演的方法确定岩体流变参数，提出了超前注浆加固+拱脚长锚杆+钢拱架（拱架之间采用型钢连接）+锚杆+钢筋网协同支护方案，根据数值模拟及现场实测，该方案能够有效解决软弱地质围岩隧道支护问题。张德华[46]等人采用数值模拟与现场实测的方法研究了双层支护在软岩隧道应用的可行性，研究表明第二层支护时机十分重要，二层支护应紧跟一层支护；二层支护设计及施工应保证一层支护薄弱部位不破坏为原则。丁远振、马栋[47]等人以成兰铁路柿子园隧道为研究背景，在Ⅴ级围岩中进行了高强钢筋格栅与钢拱架初期支护对比研究，研究表明：高强钢筋栅格属于柔性支护；高强钢筋格栅与混凝土协同效果较好。郭小龙[48]等人分析了杨家坪隧道陡倾层状围岩变形破坏机理，研究指出隧道开挖后围岩按照层面剪切—层面拉伸—岩石剪切的顺序发生塑性破坏，深部围岩破坏形式主要表现为层面剪切破坏。于天赐[49]等人采用理论分析与现场实测的方法，对柿子园隧道变形破坏机理和控制措施进行了研究，结果表明：地应力、围岩力学特征、构造、施工扰动（爆破）等均为隧道变形的主要因素；非对称预留变形量以及径向注浆+长锚杆支护能够有效控制围岩变形。郭小龙[50]等人分析对比了普通锚杆、早强锚杆两种支护形式下的围岩位移、钢拱架受力、锚杆轴力等，分析了早强锚杆的作用机制，结果表明：早强锚杆比普通锚杆能够提高更大轴力，隧道变形量减少40%；在早强锚杆作用下钢拱架受力减小，早强锚杆能够及时发挥锚固作用，抑制塑性区发展。丁远振[51]等人分析了断层带影响下的高应力软岩隧道变形特征及支护结构破坏机理，根据监测，数据提出了采用优化断面、加强初支刚度、非对称预留变形量及采用锚杆支护的合理支护措施。于远祥[52]等人研究了锚杆支护作用下围岩变形量及围岩塑性区分布特征，建立了锚杆与围岩相互作用模型，提出了预留间隙柔模支护技术，该支护措施能够有效抵抗围岩变形。Huaning W[53]等人通过 DEM 数值分析以及理论解析分析对隧道支护中的锚杆加固机理进行了分析，研究表明锚杆能够有效控制岩石破坏且增加锚杆数量与围岩加固效果正相关。Lai J[54]等人对秦岭-巴山强构造应力区域的某隧道进行了分析，该隧道围岩主要为千枚岩-板岩等软岩构成，隧道建设期间发生多次坍塌，作者采用地质调查、室内实验、现场分析的手段对隧道支护前后变形特征进行对比分析，提出了超前管棚+超前小导管+预应力锚杆+锁脚螺栓的综合支护方法，取得了不错的现场应用效果。

Wu G[55]等人研究了泡沫混凝土的性能，并提出了在一次衬砌与二次衬砌之间浇筑泡沫混凝土的支护策略，支护方案如图 1.10 所示 ，通过数值模拟分析发现，该支护方案能够有效控制一次衬砌受力状态及二次衬砌塑性区。

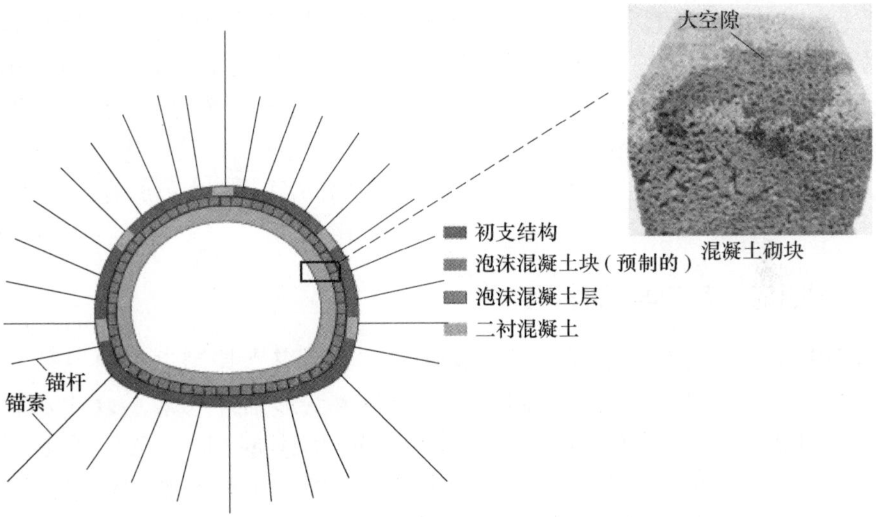

图 1.10　锚杆+预制泡沫混凝土块隧道支护方案

Merlini D[56]等人研究了 Ceneri Base Tunnel 特长隧道软岩变形机理，提出了可变形支架+锚网喷+纤维增强喷射混凝土+钢拱架的支护方案，交叉洞口及软弱岩层处减少爆破药量，通过现场验证，该方案能够有效控制隧道围岩下沉。

Zhang Z[57]等人指出新奥法在软岩隧道中施工的关键问题是工作面围岩稳定性，建立了基于极限平衡法的围岩结构力学模型，并分析了围岩受力、隧道深度及锚杆支护强度的相互关系，研究发现隧道锚杆能够有效提高围岩抗剪强度。Meng Q[58]等人提出了一种基于均匀化方法的含锚杆隧道解析解，对圆形隧道稳定性进行了研究，分析了圆形隧道弹塑性分布，研究的核心要点是将岩体与锚杆视作一种新的均匀各向同性参数强化的复合材料，研究表明锚杆对隧道塑性区分布及围岩位移有重要影响。Wang bao[59]等人分析了汶川地震带隧道围岩特征（破碎状千枚岩），通过对广赣高速公路软岩隧道经常发生的大变形、衬砌破坏和塌方等地质灾害的分析，得出了此类地质灾害的特点和成因。结果表明，在拱顶和隧道工作面附近发生的变形和坍塌，围岩力学性质差，自承载力弱，地下水软化是造成这些灾害的重要原因，现场试验结果表明，应采用三台阶和预留核芯土施工方法控制千枚岩破碎隧道的稳定性，并且提高支护结构刚度和及时封闭衬砌是控制弱地震区软岩隧道大变形大坍塌的有效方法。Zhao D[60]等人基于广义开尔文本构模型的状态方程，推导了隧道衬砌位移随时间变化的解析表达式。利用厦门市某海底隧道施工过程中获得的实际数据和本书提出的理论研究成果，对海底隧道衬砌的最终位移进行了预测和分析。根据预测结果，在考虑隧道纵轴地质条件时，给出了监测断面位置及监测标准。最后，将实测数据与预测结果进行了比较，验证了该结论的可靠性。

根据以上分析可知，目前对于软岩隧道变形破坏机理及隧道围岩控制的研究十分丰富，控制策略主要可以分为增强初支强度、优化施工组织、断面优化、支护体让压、锚杆支护等，取得了较为不错的效果。对于高预紧力及让压支护的研究较少，因此本书对薄层状板岩隧道高预紧力恒阻让压支护技术进行系统的分析研究，特别是针对高预紧力恒阻锚索支护体系作用下围岩变形控制机理进行分析。

1.2.3　恒阻锚索支护体系研究现状

何满潮院士针对常规锚杆、锚索在软岩大变形灾害控制过程中容易发生失效的问题，提出了基于大变形控制理论的恒阻大变形锚杆（索）设计方案。在围岩变形过程中，锚杆（索）在围岩作用下轴力不断增加，当锚杆（索）轴力超过所设计恒阻值时，恒阻器内的恒阻体与套筒产生相互摩擦作用，实现恒阻大变形，由于恒阻体的挤压作用，套筒产生了横向膨胀，从而实现宏观上的 NPR（Negative Poisson's ratio）结构效应。经过不断地改良与实验，目前 NPR 锚杆（索）恒阻值最大可达 850kN，且变形可达 1000mm[61~63]。图 1.11 为 NPR 锚杆（索）与其他类似锚杆（索）对比，图 1.12 为 NPR 锚杆（索）主要结构。

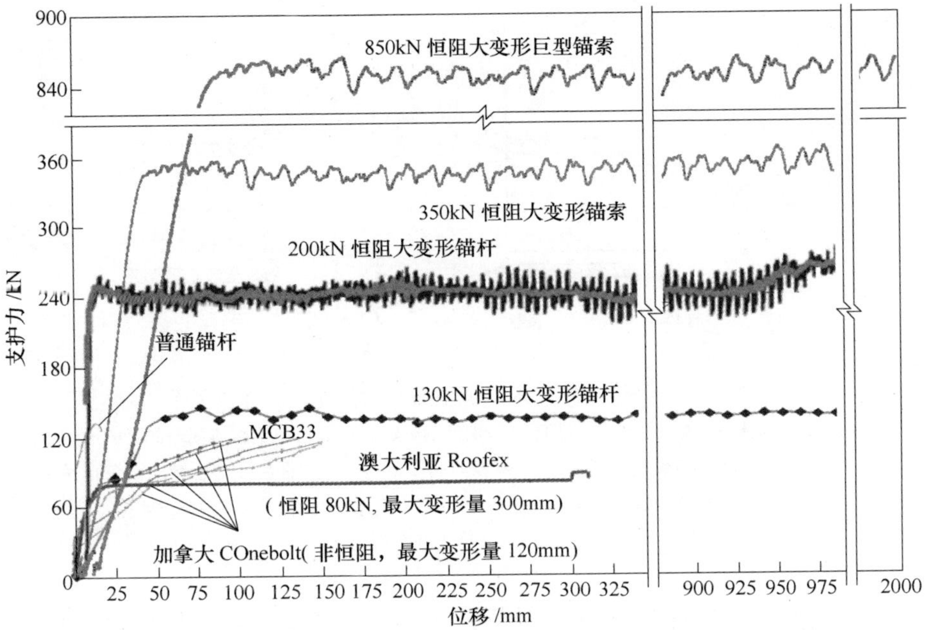

图 1.11 NPR 锚杆（索）与其他可变形锚杆（索）对比

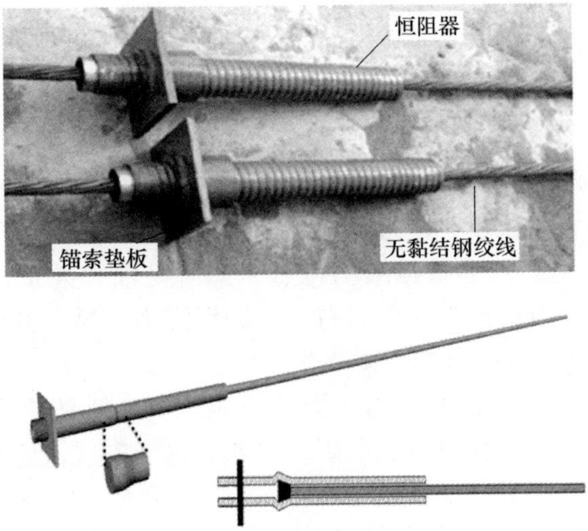

图 1.12 NPR 锚杆（索）主要结构

文献［64］中具体分析了恒阻锚杆（索）恒阻结构，分析恒阻锚杆（索）实现恒阻的机理，恒阻锚杆（索）恒阻变形主要为锥形体与恒阻器之间的相对位移（结构变形），恒阻力的大小与套筒壁厚、弹性参数、锥形体等相关，如图 1.13 所示为恒阻器与恒阻体的相互作用机理。

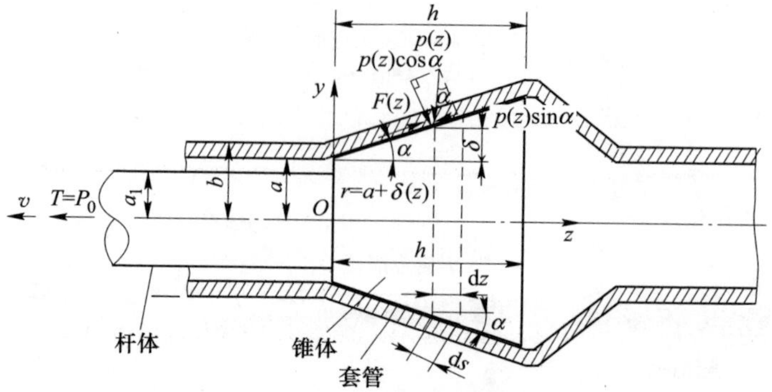

图 1.13　恒阻锚杆（索）恒阻器及恒阻体相互作用关系

$p(z)$—距离坐标系原点（锥体小端直径）坐标为 z 处，套管施加于锥体侧表面上的压力；
$\delta(z)$—套管在坐标 z 处的径向位移；v—杆体移动速度；a_1—杆体直径（小于锥体小端直径 a）；
α—锥角；H—锥体高度；a—套管内径（等于锥体小端直径）；b—套管外径；
P_0—恒阻力（等于轴向拉力 T）

文献中指出，恒阻锚索恒阻力计算公式由（式 1.2）~式（1.4）表示：

$$P_0 = 2\pi f I_s I_c \tag{1.2}$$

$$I_c = \frac{ah^2}{2}\cos\alpha + \frac{h^3}{3}\sin\alpha \tag{1.3}$$

$$I_s = \frac{E(b^2 - a^2)\tan\alpha}{a[a^2 + b^2 - \mu(b^2 - a^2)]} \tag{1.4}$$

式中，α 为锥形体角度；h 为锥形体截面宽度；a 为锥形体梯形截面小端长度；b 为锥形体梯形截面大端长度；E 为套管材料弹性模量；μ 为套管材料泊松比。

由于恒阻锚杆（索）的特殊结构特点，其所受轴力大于恒阻力以后仍然能够起到支护作用，一方面能够对围岩持续施加恒阻力，另一方面能够有效吸收围岩变形能，支护原理如图 1.14 所示[64~67]。

由于恒阻锚杆（索）良好的结构力学性能，其广泛地应用在煤矿巷道软岩支护实际工程中。例如，甘肃新安煤矿，该煤矿属于典型软岩巷道，在施工期间发生了大量巷道大变形事故，如图 1.15 所示，主要有全断面巷道收缩、巷道片帮、巷道底鼓及冒顶事故。针对这些事故，何院士提出了采用恒阻锚索支护，取得了良好的应用效果，如图 1.16 所示。其他应用矿井包括：新疆沙吉海煤矿、鹤岗矿区、铁法矿区、大雁矿区、沈阳矿区、查干淖尔矿区、峰峰矿区、兖州矿区、唐口矿区、徐州矿区、白芨沟矿、芙蓉矿区、那龙矿区等全国 20 余矿区，50 余煤矿。恒阻锚杆（索）支护系统在沿空留巷（110 开采）中也得到了充分的发展及应用。

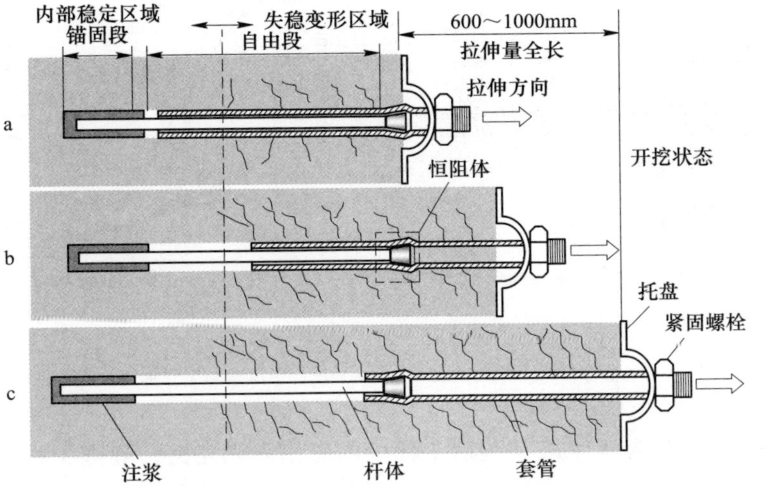

图 1.14 NPR 锚杆（索）工作原理

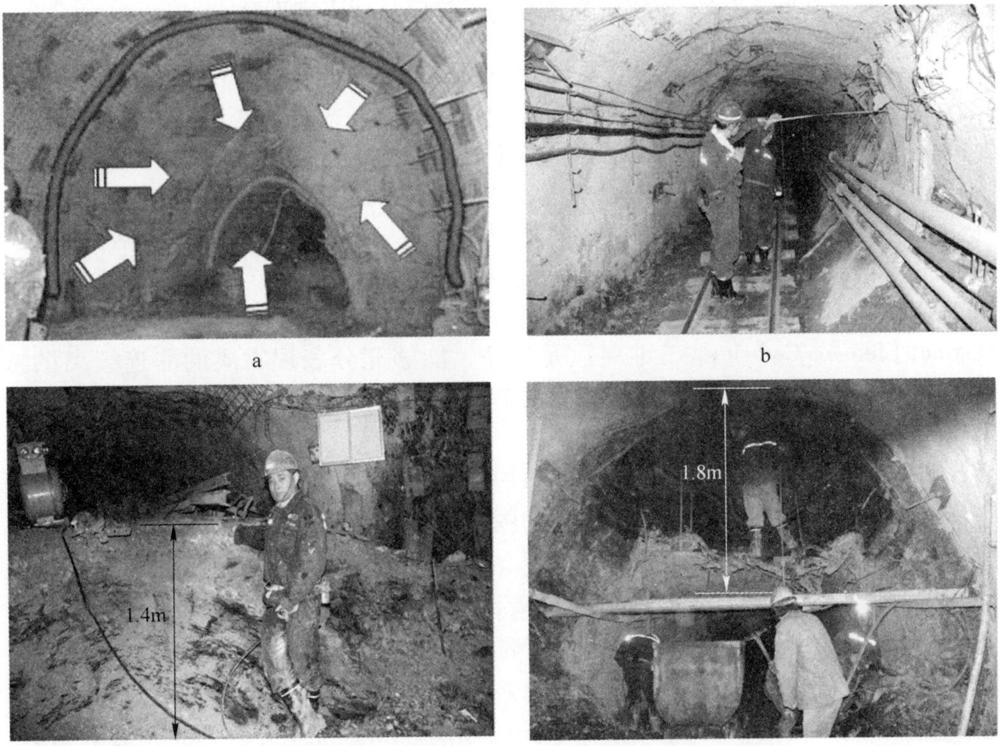

a b c d

图 1.15 巷道大变形事故

a—全断面变形；b—片帮；c—底鼓；d—冒顶

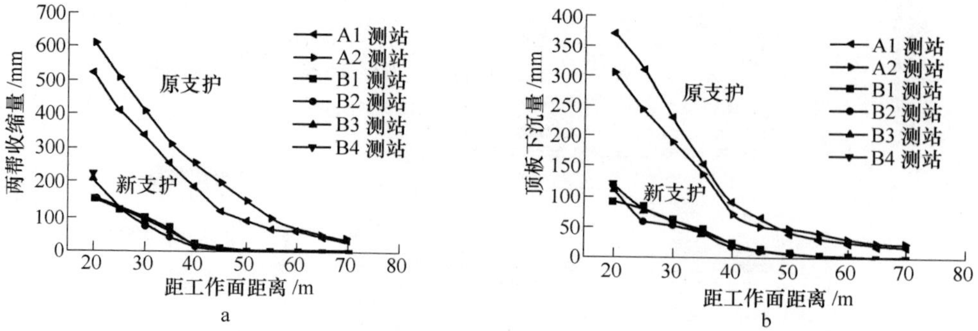

图 1.16　支护效果分析

a—两帮收缩量与工作面距离关系曲线；b—顶板下沉量与工作面距离关系曲线

但是，该支护技术手段在隧道工程中的应用尚无先例，隧道工程与煤矿工程相比，断面面积远大于煤矿巷道。因此，探索恒阻支护系统在软岩隧道中的应用十分迫切，也具有极高的理论和应用价值。

1.2.4　基于 3DEC 离散元的隧道围岩变形数值分析研究现状

在岩土工程研究中，很多工程问题难以建立解析方程，即使建立了解析方程也很难得到解析解，采用相似模拟实验的方法虽然一定程度上能够解决工程问题，但是费时费力。数值模拟是应用基本岩石力学原理、工程地质学、现代数学力学方法以及计算机技术的先进技术，能够有效解决工程地质中的问题。目前，在岩土工程领域较为典型的数值模拟方法有：有限元单元法，包括 ANSYS、NASTRAN、ABAQUS、MARC；边界元法，包括 Examine2D/3D；有限差分法，包括 FLAC2D/3D；离散元法，包括 UDEC、3DEC、PFC 等。3DEC（3 Dimension Distinct Element Code）是三维离散元程序，能够充分表现物质的非连续离散特征，在岩土工程计算中能够充分解释岩体中岩块与结构面的相互作用关系，有效地模拟岩体现实破坏现象。

Cui Z[68]等人采用离散元 3DEC 软件研究了层状岩体围岩倾角对隧道围岩变形的影响，研究表明：层状板岩倾角与围岩变形主变形区相互作用明显；隧道围岩变形主要表现为层状岩层弯曲及块体滑动。Cacciari P P[69]等人利用地面激光扫描设备提取浅埋隧道节理面特征，采用 3DEC 自带离散元断裂裂隙网格程序（DFN）建立计算模型。Konietzky H[70]等人通过三维数值模拟研究了复杂地质条件下的地应力分布，结合现场地应力测量，从而为隧道选址提供参考依据，模型中包括 7 个不同的地质岩层以及 6 个地质断层。Shreedharan S[71]等人采用 3DEC 离散元程序，对我国某煤矿深部马蹄形巷道和仰拱形巷道进行了稳定性研究。利用现有的现场变形数据，通过反分析程序估算了巷道围岩的岩体力学性质值。岩体的黏聚力、抗拉强度、单轴抗压强度和弹性模量值约为相应完整岩石性能值的

35%~45%。数值分析表明，采用较长的支护和底板锚杆为巷道周围的岩体提供了更大的稳定性。Xing Y[72]等人采用离散单元法对某地下矿山巷道围岩稳定性进行了研究。根据现有的地质、岩土和矿山建设信息，建立了一个三维模型。它包括倾斜岩性，包括弱夹层、持续和非持续断层以及复杂的巷道系统。数值模型中给出了岩体的应变软化本构模型。采用连续屈服联合模型描述了断层的非线性行为。通过数值分析，研究了岩体破坏后的本构参数、断层力学性质和延迟支护对巷道稳定性的影响。Yang Z M[73]等人采用有限差分法（FDM）建立了整体隧道模型，然后利用离散单元法（DEM）建立了包含离散断裂网络（DFN）的局部模型，分析了支护体的最佳修复时机、最佳修复时间和合理长度。Bouzeran L[74]等人采用基于离散单元法的三维黏结块体模型（BBM）来表示岩石，利用混合锚杆模型来表示锚杆支护，混合锚杆模型是对经典锚杆模型的改进，其特点是对断裂剪切位移具有更真实的抵抗能力，并允许锚杆安装在具有开放节理的裂隙岩体中。Bahrani N[75]等人利用 3DEC 节理本构模型，进行了巷道在支护体作用下，层状岩体的变形特征研究。侯晓兵[76]采用3DEC 数值分析软件，对锚网索支护下的巷道变形破坏特征进行分析，得到了围岩应力分布特征、位移特征、塑性区分布特点。江东海[77]等人通过地质调查、优势节理组蒙特卡罗模拟，建立了巷道模型，分析了不同节理分布特征下的巷道底鼓特点，提出采用混凝土反底拱+预应力锚索的控制对策。

1.3 存在的主要问题

针对深埋软岩隧道，众多专家做出了大量有益研究，研究主要集中于深埋软岩隧道变形机理、相关岩石力学实验、控制措施及控制机理，其中对于软岩隧道控制措施研究主要集中于被动支护，即增加支护体强度，对体内加固等主动支护措施研究较少。高预紧力恒阻锚索支护控制技术在煤矿领域应用较为广泛，实践证明该技术能够一定程度上解决煤矿巷道软岩大变形灾害，但是该技术在公路隧道等大断面隧道中应用研究匮乏。面对深埋薄层板岩隧道所处的复杂工程地质环境，分析隧道围岩变形破坏机理，提出有效的控制措施十分重要。因此，本书依托于木寨岭隧道 2 号斜井，针对以下问题开展研究工作：

（1）围岩强度特征、结构特征以及相关矿物成分含量。木寨岭隧道 2 号斜井围岩十分破碎，岩石样品获取困难，其吸水软化特征以及矿物组成不明确。对于岩土工程来说，掌握所研究对象的基本性质，对后续破坏机理及控制措施研究提供指导，为数值实验及模型实验提供参数依据。

（2）薄层板岩隧道变形主控因素。对于深埋薄层板岩隧道，造成其围岩大变形因素较多，其中包括：优势节理倾角；隧道埋深以及所处应力环境、围岩吸水软化等。上述因素对隧道围岩变形影响程度尚不明确，需要开展相关理论及数值实验进行分析。

（3）高预紧力恒阻锚索控制机制及其设计方案。高预紧力恒阻锚索在隧道中的应用尚无可借鉴现实经验，对其在深埋薄层板岩隧道中的控制机理尚不明确，针对木寨岭非对称变形的特点，进行有效的支护方案设计及其重要。因此，需要从理论分析、模型实验及数值实验的角度论证该方案的可行性，最终以现场实验结果为参考，全面评价该支护措施的可靠性。

1.4 主要研究内容

为了研究深埋薄层状板岩隧道围岩变形机理及高预紧力恒阻锚索支护控制机理，本书选取木寨岭隧道 2 号斜井作为研究对象。木寨岭隧道 2 号斜井具有岩体破碎、地应力高、大变形严重等特点。本书在地质调研的基础上，分析了深埋薄层状板岩隧道的变形特征及影响隧道围岩变形的主控因素，提出了采用高预紧力恒阻锚索非对称支护的控制方案，采用数值模拟、相似模拟以及现场实测的方法论证支护方案的可靠性。主要进行了以下关键问题的研究：

（1）木寨岭隧道 2 号斜井工程地质条件及岩石物理力学特性。通过对现场实践调研，对木寨岭隧道岩体结构特征进行分析，为下一步进行优势节理倾角与围岩变形之间的关系铺垫现实依据。分析深埋隧道地应力与埋深之间的关系，通过地应力与岩石强度之间的比值，确定地应力强度水平。分析岩石矿物成分组成，判断其吸水膨胀性以及其他物理化学性质。采用现场点载荷试验及进行围岩强度分析，并对围岩吸水软化后强度变化进行研究。通过单轴实验、巴西劈裂实验以及直剪实验研究节理倾角与岩石强度之间的关系。

（2）深埋薄层板岩隧道变形机理及其主控因素研究。通过对原支护条件下的隧道变形数据进行统计分析，对前期各阶段隧道围岩变形破坏进行梳理，得到木寨岭隧道 2 号斜井薄层状板岩隧道变形特征。建立深埋薄层状板岩结构力学模型，分析影响隧道变形的主控因素。通过数值模拟手段，建立适应于该地层条件下的计算模型，分析不同围岩节理倾角、不同埋深以及吸水软化对隧道围岩变形的影响。

（3）高预紧力恒阻锚索支护机制以及与围岩相互作用关系。采用静力学拉伸实验，对恒阻锚索进行力学实验研究，得到其恒阻值以及变形特征。从能量角度分析围岩释能机理以及恒阻锚索对能量的吸收。建立长短恒阻锚索控制下的薄层板岩力学模型，从组合梁及悬吊理论的角度出发，研究高预紧力恒阻锚索对围岩的控制机理。利用数值分析的方法，研究不同预紧力恒阻锚索与围岩相互作用的关系。

（4）深埋薄层板岩隧道高预紧恒阻支护方案及其实验分析。在对深埋薄层状板岩隧道变形机理以及高预紧恒阻锚索支护控制机制研究的基础上，研究考虑隧道围岩非对称变形，及对关键部位进行加强支护的支护策略及施工工艺。采用模型实验及数值实验，对比分析支护方案的可靠性。

（5）高预紧力恒阻锚索控制下的隧道围岩变形现场实验。将上述支护设计方法应用于现场实际工程中，利用相关测试设备分析围岩变形特征、锚索受力特征、钢拱架受力特征以及深部围岩运移特征，进而全面分析该技术可靠性。

1.5 研究方法及技术路线

1.5.1 研究方法

针对本书提出的主要研究内容，采用现场调研及力学实验、理论分析、数值模拟、模型实验、现场实测的方法进行研究，主要为：

（1）现场调研及力学实验：通过对现场地质情况的分析，得到木寨岭隧道2号斜井围岩结构特征，采用点载荷试验仪器，现场测试岩石强度，分析地应力特征。调研相关量测数据，分析围岩变形特征。

（2）理论分析：结合木寨岭隧道2号斜井工程地质特征，建立薄层板岩隧道结构力学模型，分析深埋薄层软岩隧道变形主控因素。基于恒阻锚索吸能机理以及高预紧力下长短锚索控制下的组合—悬吊理论，对高预紧力恒阻锚索支护机制进行分析。最终提出基于围岩非对称变形条件下的非对称高预紧力恒阻支护方案。

（3）数值分析：基于工程地质条件、地应力特征以及节理分布特点，建立相关数值计算模型，分析不同围岩倾角、不同埋深以及水岩耦合作用下的围岩变形特征。研究不同预紧力情况下恒阻锚索与围岩的相互作用关系。建立考虑初支结构的数值计算模型，对比分析隧道围岩变形特征以及应力演化规律、塑性区分布特点。

（4）物理模型实验：根据隧道工程地质条件，依据相关相似理论，选取合适的相似模拟材料，结合小型化恒阻锚索构件，分析不同埋深条件下隧道围岩破坏特征以及锚索可靠性研究。对比分析隧道在有无锚索支护下的位移场及围岩应力变化规律。

（5）现场实验研究：选取监测断面，利用全站仪、锚索测力计、钢拱架测力计、多点位移计等设备，全面分析高预紧力恒阻锚索支护作用下的围岩控制效果。

1.5.2 技术路线

本书以深埋薄层状板岩隧道变形机理及高预紧力恒阻锚索支护控制策略为主题，采用现场调研、室内试验、物理模拟、数值模拟、理论分析、现场实测为主要手段，对薄层板岩隧道变形主控因素以及高预紧力恒阻锚索控制机理进行全面分析。

首先，通过对木寨岭隧道 2 号斜井工程地质条件及岩石力学特征的分析，得到了地应力分布特征及相关岩石力学参数。

其次，总结了原支护方案下隧道围岩的变形特征，建立了薄层板岩隧道结构力学模型，确定了影响隧道围岩稳定性的主控因素。利用数值计算的方法，建立了含优势节理的数值计算模型，通过相关理论进行了岩石向岩体参数的折减，研究了节理倾角、埋深以及吸水软岩对隧道围岩的影响。

然后，进行了恒阻锚索静力学拉伸实验，得到恒阻锚索相关力学参数，并基于能量理论，从能量吸收角度分析了恒阻锚索支护控制机理，基于高预紧力长短锚索作用下的组合—悬吊理论，分析了高预紧力长短锚索对围岩的控制机理。采用数值模拟的手段，分析了不同预紧力作用下，恒阻锚索与围岩的相互作用关系。

另外，基于围岩非对称性变形的特点，以及关键部位加固支护的支护理念，提出了高预紧力锚索非对称性控制的支护策略，采用数值模拟与物理模拟的方法，验证了该方案的可行性。

最终，通过对现场实验的监测研究，全面论证了该方案的可行性。

如图 1.17 所示，为本书技术路线图。

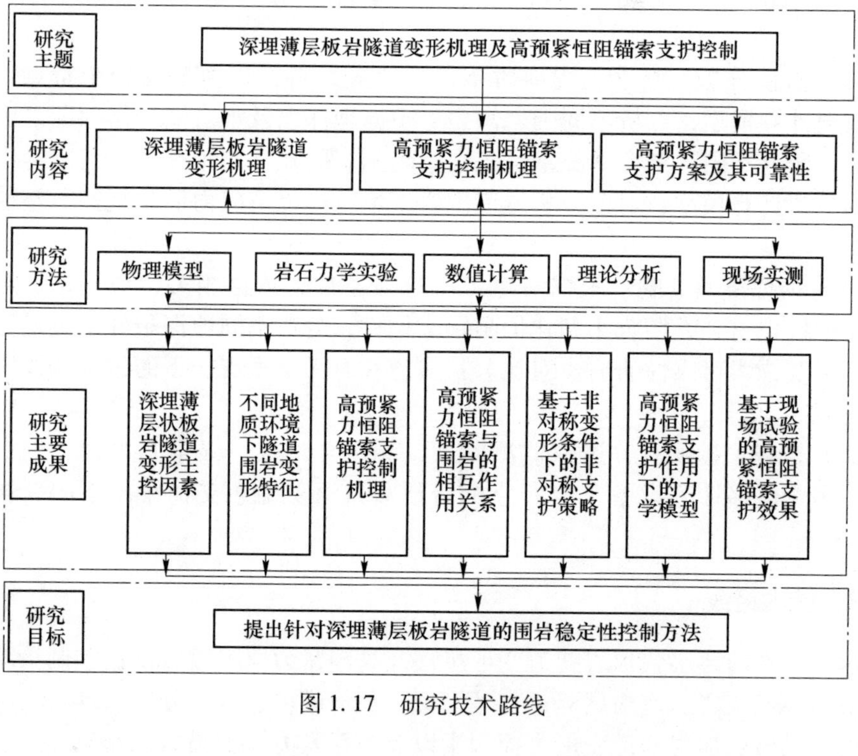

图 1.17　研究技术路线

2 木寨岭隧道2号斜井工程地质条件及围岩工程特征

滑武高速木寨岭隧道施工过程中软岩大变形灾害频发，隧道围岩变形特征及变形机理与隧道工程地质条件、围岩特征等因素密切相关，本章首先对木寨岭隧道及其2号斜井工程地质勘察报告进行梳理，分析木寨岭隧道工程概况、地质概况、水文概况、地应力分布情况、围岩结构，并通过相关岩石力学实验分析板岩相关力学性质，为隧道围岩大变形机理研究及相关控制措施提供参考依据。

2.1 工程概况

木寨岭隧道全长15150m，其中左线隧道全长15200m（进口里程AZK210+625，出口里程AZK225+825），右线隧道全长15150m（右线进口里程AZK210+625，出口里程AZK225+775），含有三个斜井。隧道位于西秦岭低中山区，处于多个板块交界地带，并穿越海拔2877m的木寨岭，洞身最大埋深约629.1m，最小埋深约8m，如图2.1所示。木寨岭隧道2号斜井位于木寨岭隧道（中段），起止桩号为（Z）K216+380~（Z）K220+300，长3920m，2号斜井洞口位于鹿扎沟北侧斜坡上，与主洞交叉桩号为K218+400，与主洞平面交角为90°，起点桩号为K0+000，终点桩号为K1+813，长1813m，斜井断面面积71.88m^2，井口设计高程2668.544m，斜井终点高程2524.468m，斜井井身平均纵坡7.945%，最大埋深591m，如图2.2所示。根据文献［78］，山岭隧道埋深超过50m（保守

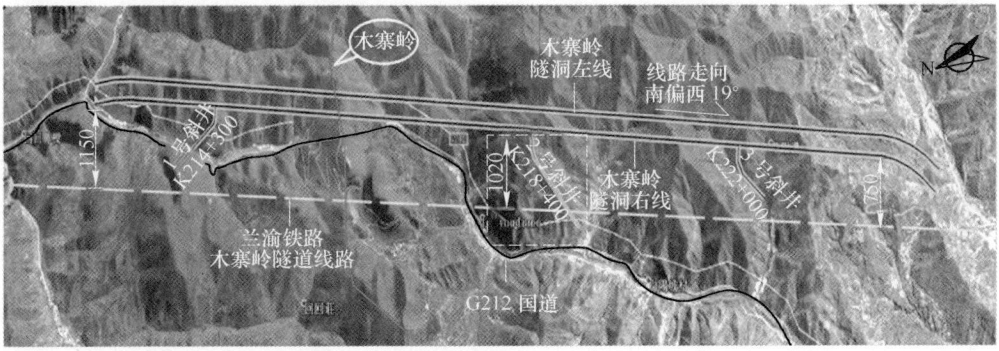

图2.1 木寨岭隧道及2号斜井地理位置

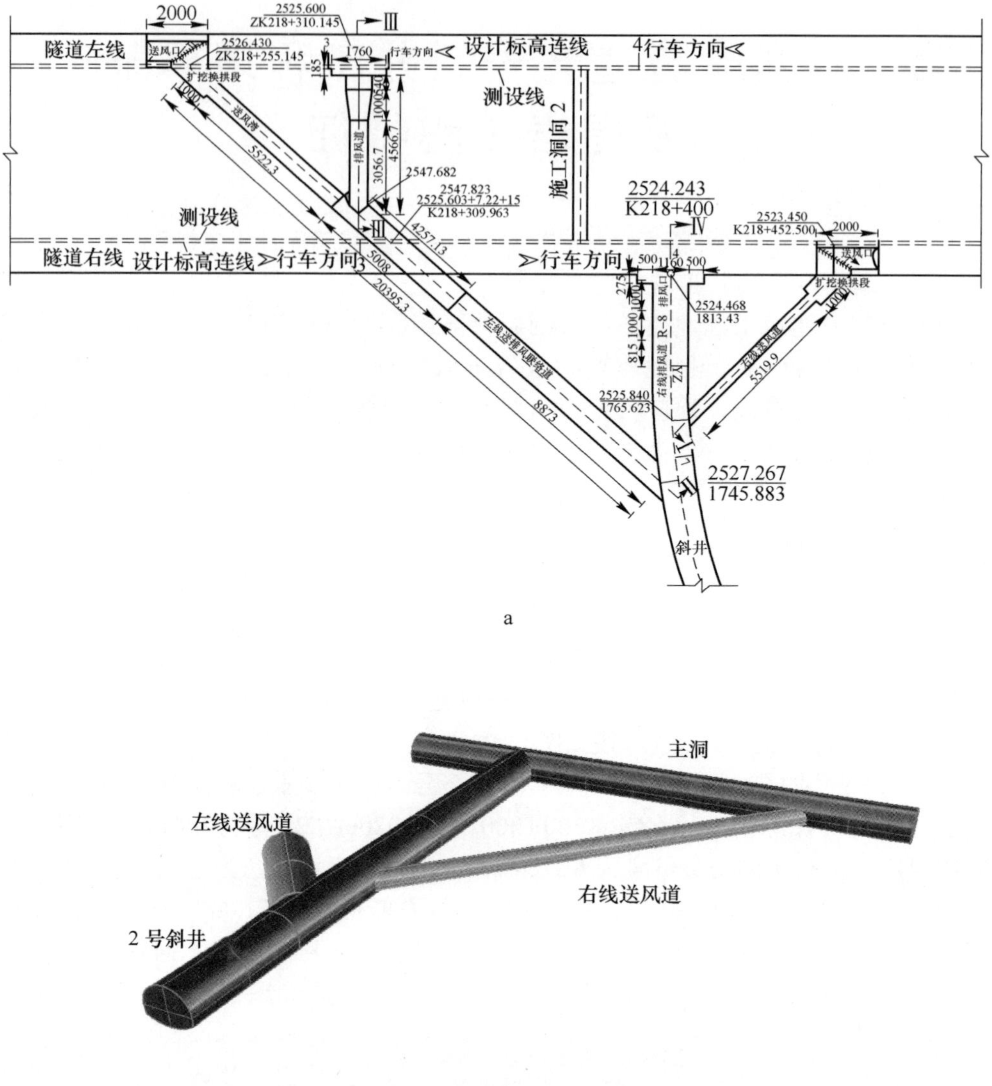

图 2.2　木寨岭隧道 2 号斜井布置图

a—平面布置图；b—木寨岭隧道 2 号斜井三维示意图

100m)，可以划分为深埋隧道。2 号斜井采用钻爆法掘进、三台阶施工，隧道断面设计高 11. 127m，宽度 12. 82m，如图 2. 3 所示。

2. 1. 1　地层岩性

木寨岭隧道 2 号斜井洞口位于鹿扎沟北侧斜坡上。根据现场调查及勘探，岸

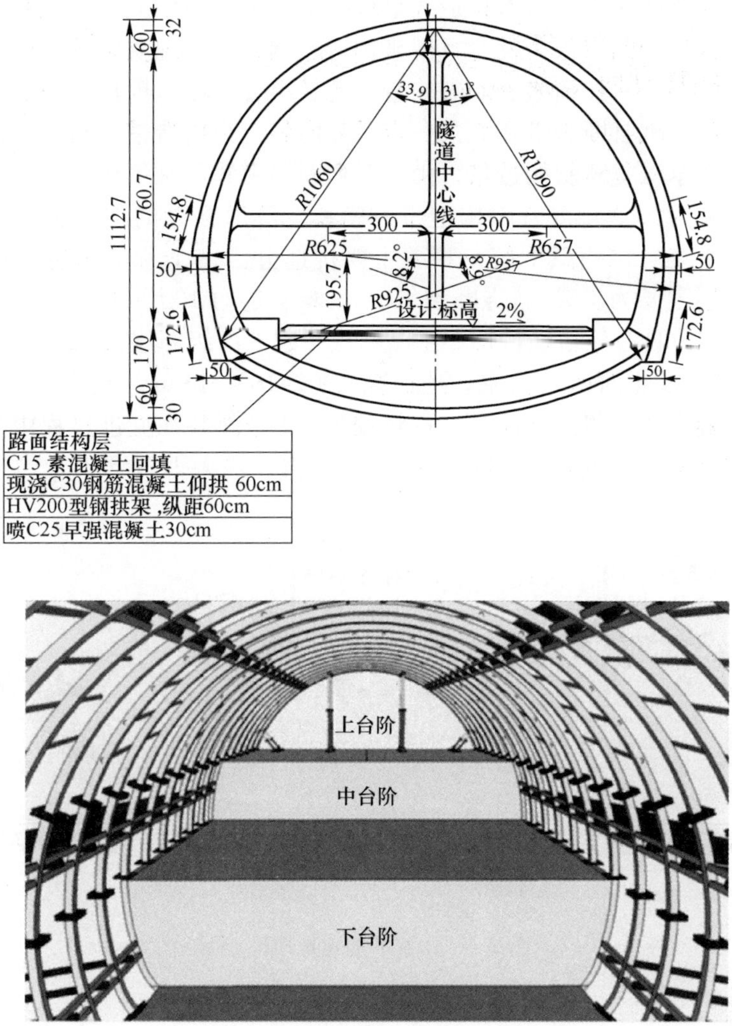

图 2.3 木寨岭隧道 2 号斜井断面形状

坡上覆第四系坡积碎石，下伏基岩为二叠系下统板岩。围岩主要组成部分为炭质板岩，局部存在砂岩、灰岩、页岩夹层。石英岩零星分布于岩层中。该地区板岩主要为灰黑色，且厚度较薄，节理有明显倾向性且较为发育，岩体较为破碎且水岩耦合作用下强度明显降低。围岩受地质构造影响较大，全区基本为Ⅴ级围岩。

2.1.2 地质构造

该区域受地质构造作用明显，位于秦岭-昆仑纬向构造体系之中，属于中支秦岭海西—印支褶皱带。区域构造线呈现凸形，中间向南突出，展布方向为东西—近东西。区域内断层极为发育且褶皱构造影响强烈，地质情况十分复杂，构造组合分布类型多样。按褶皱、断裂构造形迹及组合特征，项目区由北向南可分为大草滩复背斜，岷县断裂带和岷县—宕昌复向斜三个构造带。与隧址区有关的构造带主要为大草滩复背斜构造带，由一系列断层束和褶皱组成。木寨岭隧道及其斜井所处区域为大草滩复背斜构造带的南翼。隧道穿越的地层主要有泥盆系上统、石炭系下统、二叠系下统，穿越主要构造分为三个背斜构造与三个向斜构造。穿越断层主要为美武-新寺断裂 F1，该断层走向 100°～115°，向北倾斜，倾角为 30°～70°，具有压扭性特征。由该断层引起的次级断层共 12 个，分别为 f1～f12，断层展布以北西西向为主。地面高程：2416～3133m。最大埋深：629. 1m。针对木寨岭隧道 2 号斜井地质条件资料较少，2 号斜井在掘进过程中，穿越地层主要有断层破碎带、断层影响带、中风化板岩，最大埋深 591m，如图 2. 4～图 2. 6 所示。

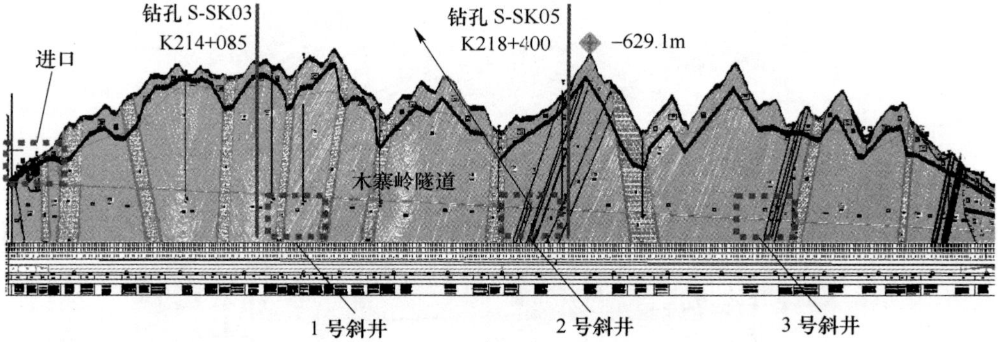

图 2. 4　木寨岭隧道地质剖面图

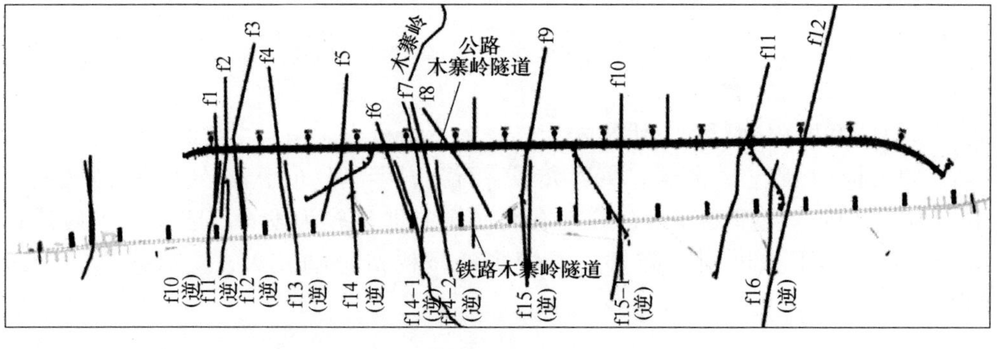

图 2. 5　木寨岭隧道断层分布平面图

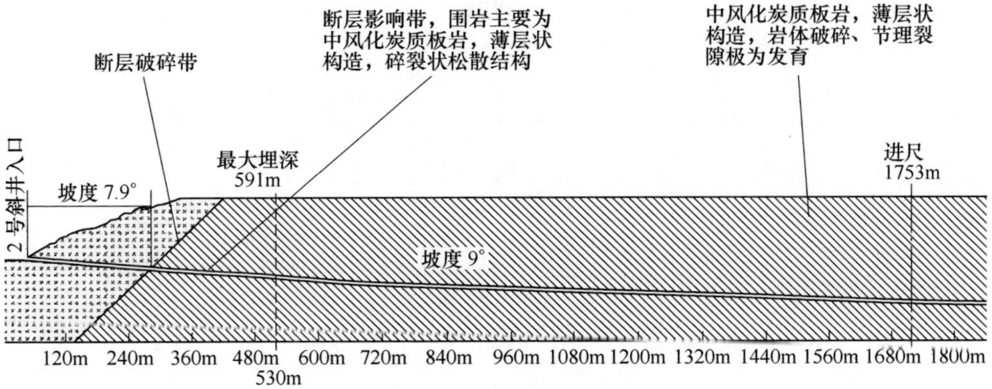

图 2.6 2号斜井穿越地层情况

2.1.3 水文情况

地下水分布较为不均匀，与该区域地质构造、岩性以及地形地貌有较强关联。由于该区域受地质作用影响剧烈，节理裂隙十分发育，受降水影响较大，地下水主要以裂隙水形式赋存。根据地质调查，由于沟谷地区含水量较为丰富，集水能力较强，导致隧道穿越该区域时，淋水较为严重。除裂隙水外，该区域还赋存岩溶水及第四系松散岩层空隙水。

2.2 地应力特征

中国地质科学院地质力学研究所于 2013 年针对木寨岭隧道进行了地应力测试，以下关于地应力相关论述皆参考于《甘肃省渭源（路园）至武都（两水）段公路木寨岭隧道水压致裂地应力测试报告》。该区域受南北向挤压应力，本段北部存在古河西构造体系（东部向南、西部向北的顺时针相对扭动）、本段南部存在华夏构造体系（东部向北、西部向南的逆时针相对扭动）两大构造体系，本段中部存在秦岭-昆仑纬向构造体系。区域构造总体呈现 NWW 或 EW 向分布，根据大的构造推断最大主应力方向 NNE。采用水压致裂的方法对地应力进行测量，测点为两个。测试位置分别为 AK214+738m 与 AK219+422.8m，测试深度分别为 492.00m 与 499.00m。

根据相关测试数据得到三个主应力相互作用关系：$S_H > S_h > S_v$。地应力主要以构造应力为主，同时拟合了地应力与埋深的关系，如图 2.7 所示。

根据《工程岩体分级标准》（GB 50218—94）可知：$R_C/S_H<4$ 为极高应力；$4<R_C/S_H<7$ 为高应力；$7<R_C/S_H$ 为低应力。表 2.1 表示不同深度下木寨岭隧道应力大小与 R_C 的比值。

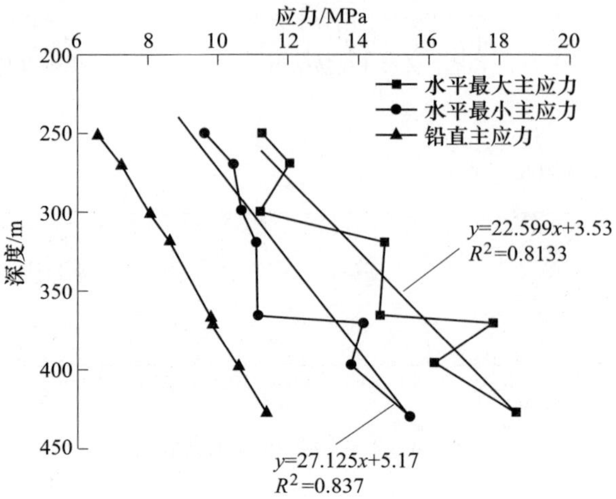

图 2.7　木寨岭隧道区主应力值随深度变化图

表 2.1　木寨岭隧道区应力大小与 R_C 的比值

序号	测段深度	S_H/MPa	R_C/MPa	R_C/S_H
1	250	11.37	20~30	1.76~2.64
2	270	12.14	20~30	1.65~2.47
3	300	11.37	20~30	1.76~2.64
4	320	14.93	20~30	1.34~2.01
5	365	14.84	20~30	1.35~2.02
6	370	17.98	20~30	1.11~1.67
7	397	16.28	20~30	1.23~1.84
8	427	18.76	20~30	1.07~1.60

由表 2.1 可知，木寨岭隧道 R_C/S_H 值小于 4，属于极高地应力，且地层岩体较为破碎，隧道围岩发生大变形可能性较高。水压致裂法实测最大水平主应力方向分别为近 NE39.6°和 NE34.1°，表明勘探区最大主应力方向为 NE 向，测量结果与地质构造推断的区域构造应力场比较吻合。最大水平主应力方向与木寨岭隧道 2 号斜井夹角为 37°~42°，不利于 2 号斜井围岩稳定性，如图 2.8 所示为 2 号斜井与水平主应力。

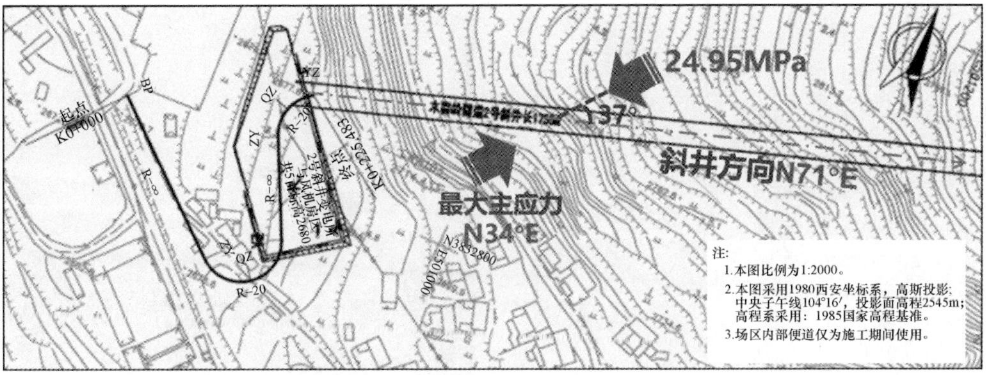

图 2.8　2 号斜井与最大水平主应力

2.3　岩体结构特征

本书对木寨岭隧道 2 号斜井大变形区域的围岩特征进行了统计，为下一步研究围岩岩体结构与围岩变形的相互关系奠定现实基础，现场部分掌子面照片如图 2.9 所示。根据现场调研可知，围岩倾角及围岩完整性变化较大，优势节理角度在 30°~85°之间，板岩厚度为 5~30cm。

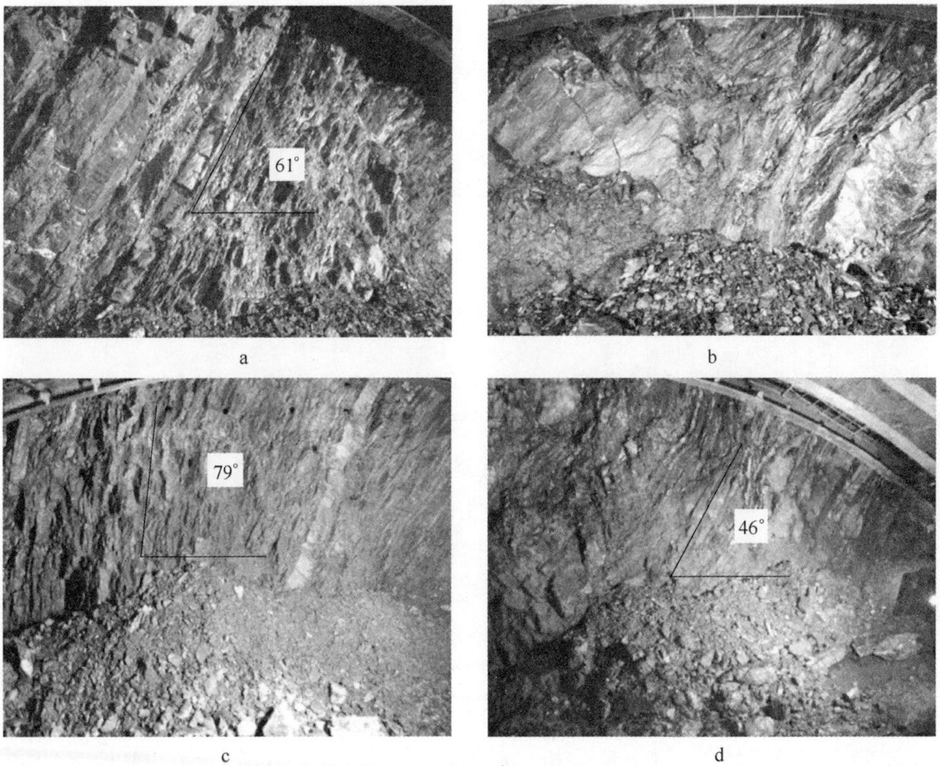

图 2.9　部分掌子面围岩

a—K0+764；b—K1+80；c—K1+200；d—K1+354；e—K1+548；f—K1+570；g—K1+640；h—K1+690

2.4　板岩岩性特征

岩石力学性质是影响隧道变形的重要因素，隧道开挖后因应力重新分布，围岩会出现拉、压、剪等塑性区。岩石力学性质不仅受岩石内部因素（成分、空隙、结构面等）影响，而且与岩石所处的外部环境（应力、围岩、含水率）等密切相关。详细了解本区域板岩固有属性，能够为下一步围岩变形破坏机理、支护参数选取、数值模拟实验、相似材料模拟实验等提供现实依据。

2.4.1　矿物成分分析

选取木寨岭隧道 2 号斜井 6 处（K1430/K1460/K1490/K1520/K1550/K1570）作为取样点进行围岩矿物分析，图 2.10 为样品照片。

实验采用 X 射线衍射定量分析“*K* 值法”[79,80]，采用仪器为 TTRⅢ多功能 X

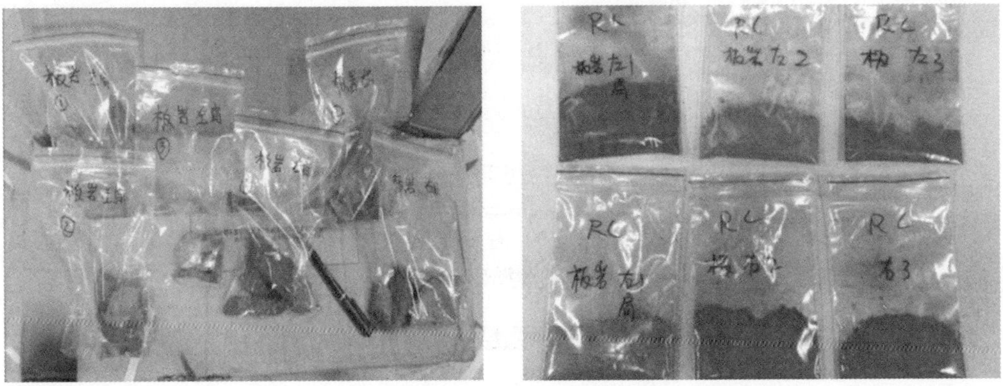

a　　b

图 2.10　样品照片

a—选样照片；b—制样照片

射线衍射仪，得到全岩矿物及黏土矿物成分和相对含量，结果见表 2.2 和表 2.3。六组样品矿物成分含量相差不大，主要为石英及黏土矿物，黏土矿物主要包括伊利石、绿泥石、伊蒙混层以及高岭石。

表 2.2　全岩矿物成分相对含量统计表

编号	矿物含量/%						
	石英	钾长石	斜长石	菱铁矿	黄铁矿	白云石	黏土矿物
1	43.8	1.0	2.2	—	—	—	53.0
2	48.1	—	—	—	—	—	51.9
3	56.5	—	1.5	—	—	—	42.0
4	50.9	0.9	1.8	—	—	—	46.4
5	50.3	1.0	1.8	—	—	—	46.9
6	48.0	0.9	1.6	—	2.1	—	47.4

表 2.3　黏土矿物成分相对含量统计表

原编号	黏土矿物相对含量/%							混层比/%	
	S	I/S	I	K	C	C/S	Py	I/S	C/S
1	—	16	44	10	25	—	5	10	—
2	3	16	47	9	25	—	—	5	—
3	2	12	46	8	32	—	—	5	—
4	—	22	42	13	18	—	5	10	—

续表 2.3

原编号	黏土矿物相对含量/%							混层比/%	
	S	I/S	I	K	C	C/S	Py	I/S	C/S
5	—	20	37	11	27	—	5	10	—
6	1	15	50	9	25	—	—	5	—

注：Ta：滑石；Py：叶蜡石；Se：蛇纹石；V：蛭石；I/V：伊利石/蛭石混层；S：蒙皂石类；I/S：伊蒙混层；I：伊利石；K：高岭石；C：绿泥石；C/S：绿蒙混层。

2.4.2 基于点载荷强度实验下的岩石强度

岩石强度是岩石最重要的基本力学性质之一，是后续进行围岩变形特征及支护参数计算的必要依据。由于木寨岭2号斜井围岩裂隙节理发育且风化严重，岩性主要为炭质板岩，零星夹含砂岩，岩石样品在获取中受扰动影响极大，标准样品加工难以进行，因此选用现场点载荷强度仪进行快速实验。1958年，国际岩石力学学会颁布了《测定点载荷强度的建议方法》，我国在《工程岩体分级标准》《工程岩体试验方法标准》中也明确表示可以采用点载荷试验描述岩石坚硬程度。众多专家，例如张春玲[81]等人对比了利用点载荷试验仪进行岩石点载荷强度与传统标准试样的单轴抗压强度，结果表明两者结果基本一致，证明了采用点载荷试验仪进行现场岩石强度获取是可行的。在试件选取过程中应保证选取岩石完整性较好（避免带裂缝岩石），试样数量应满足统计要求，不规则试件最短边长应位于30~80mm之间，加载间距（D）与最短边长（b）之比小于1且大于0.5。点载荷强度指数，由公式（2.1）可得。

$$I_{s(50)} = \frac{P}{D_e^2} \times 0.316\, e^{2.303[(D/b + \lg D/b) \times 0.5]} \tag{2.1}$$

式中，$I_{s(50)}$ 为点载荷强度，MPa；P 为破坏载荷，kN；D_e 为破坏面积的等效圆直径，mm。

$$D_e = \sqrt{4WD/\pi} \tag{2.2}$$

式中，D 为试件上下两加载点距离；W 为试件破坏面上垂直于加荷点连续的平均宽度。

点载荷强度与标准岩样单轴抗压强度换算关系，如公式（2.3）所示。

$$R_C = 22.82\, I_{s(50)} \tag{2.3}$$

采用点载荷换算为单轴强度的方法，本书在现场统计了2号斜井K1740~K1800里程内炭质板岩、砂岩强度，以及吸水24h后炭质板岩、砂岩强度，如图

2.11 和图 2.12 所示。

a

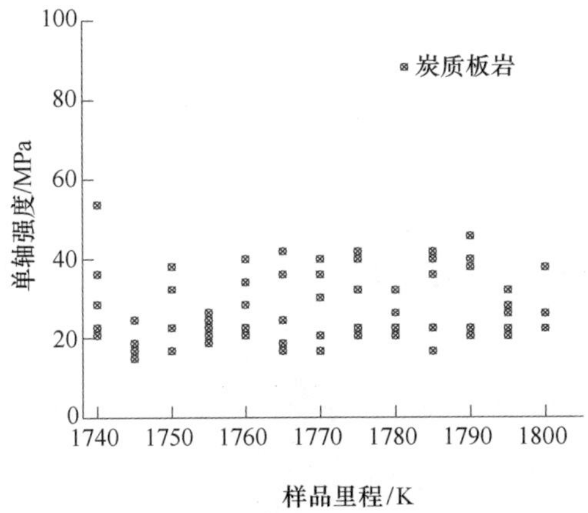

b

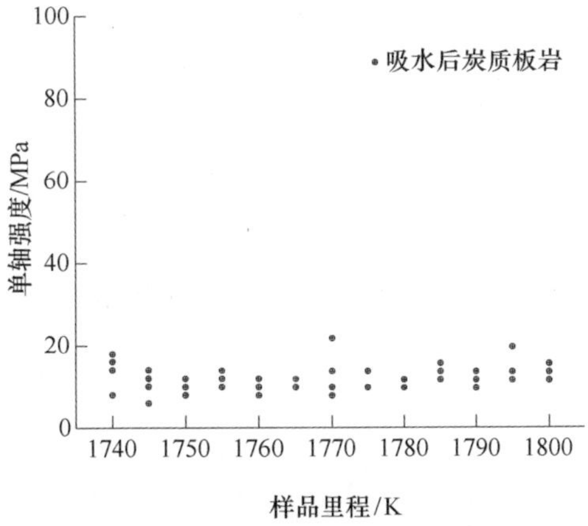

c

图 2.11 木寨岭 2 号斜井不同里程下炭质板岩单轴强度

a—实验仪器及部分样品；b—自然状态下炭质板岩强度；c—24h 吸水后炭质板岩强度

测试结果表明，天然状态下选取炭质板岩样品共 65 件，根据点载荷法估算单轴强度平均值为 29. 5MPa。炭质板岩饱和吸水后选取样品 65 件，吸水 24h 后单轴强度平均值 11. 7MPa。天然状态下，砂岩平均强度 115. 12MPa，吸水 24h 后，砂岩强度平均值 75. 8MPa。

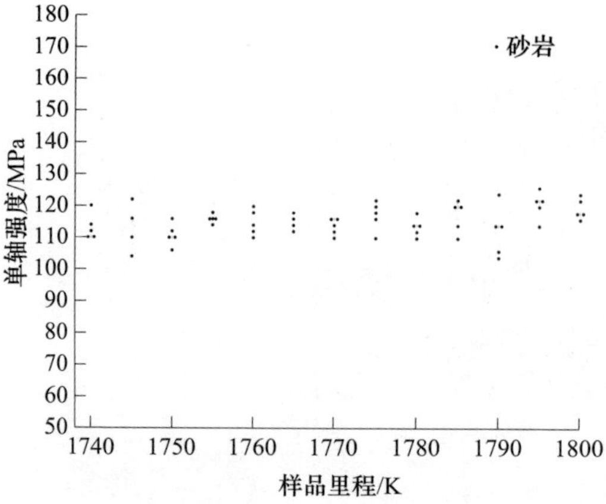

a

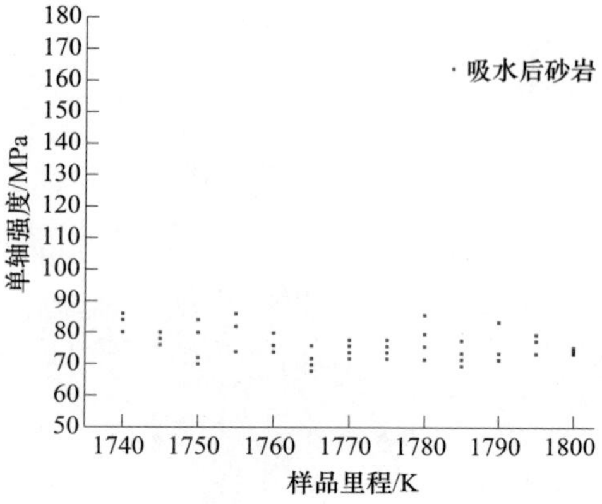

b

图 2.12 木寨岭2号斜井不同里程下砂岩单轴强度

a—自然状态下砂岩强度；b—24h 吸水后砂岩强度

2.4.3 岩石强度与节理面倾角

2.4.3.1 实验仪器

试验仪器为2000kN岩石单三轴实验系统，如图2.13所示，该装置由加载系统、控制系统、围岩加载系统、数据自动处理系统组成，可增加其他配件完成不同目的的实验。

图 2.13 单三轴实验系统

2.4.3.2 含节理岩石单轴抗压强度

选取现场明显含节理的岩块加工为标准岩样。不同节理面倾角对板岩岩样强度的影响较大，因此开展0°、30°、45°、60°和90°五组层理倾角的单轴抗压强度实验研究，岩样破坏前后照片如图2.14所示。规定水平节理倾角为0°，垂直于水平节理倾角为90°。单轴实验实验结果见表2.4。

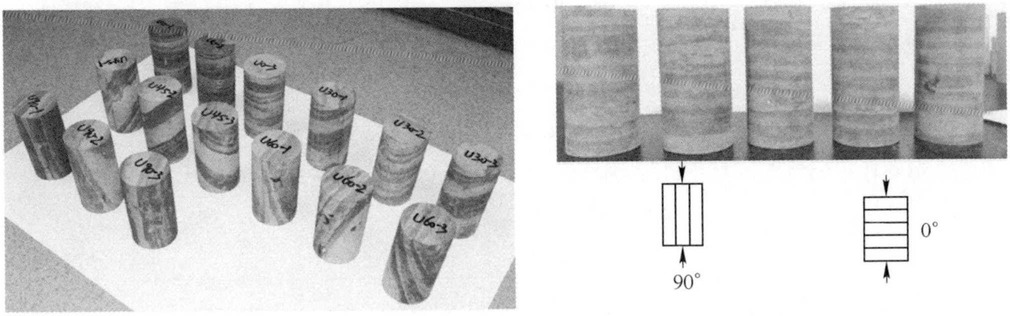

a

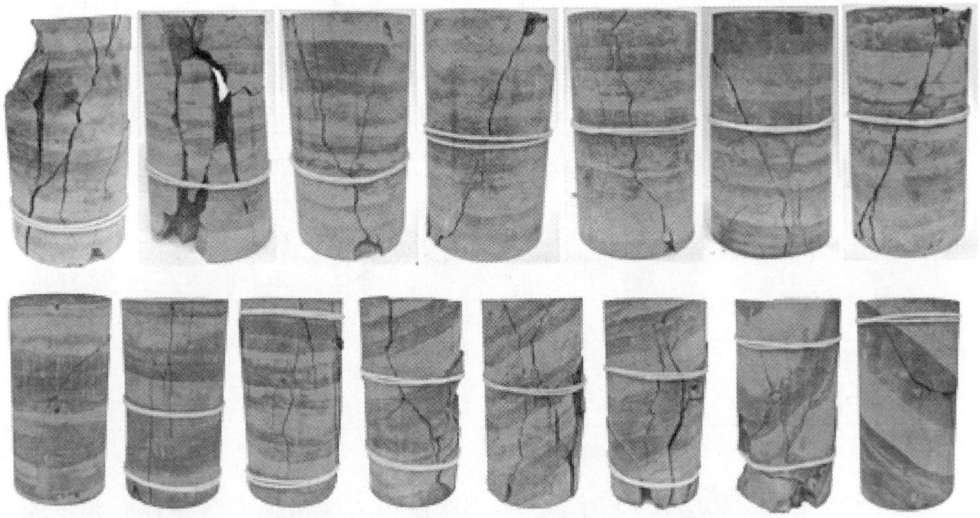

b

图2.14 不同节理倾角岩样破坏前后照片

a—不同节理倾角岩样照片；b—不同节理倾角岩样破坏形式

表 2.4　单轴压缩试验结果

批次	编号	抗压强度 σ_c/MPa	平均值 /MPa	弹性模量 E /GPa	平均值 /GPa	泊松比 μ	平均值	试验破坏简述
1	U0-1	65.1	75.4	11.8	11.6	0.15	0.16	劈裂
	U0-2	84.1		11.4		0.21		劈裂
	U0-3	74.3		12.3		0.12		剪切
	U0-4	78.3		10.2		0.11		剪切
	U0-5	75.1		12.1		0.20		剪切
	U0-6	79.1	74.7	10.8	11.2	0.15	0.21	剪切
	U0-7	70.3		11.6		0.26		剪切
2	U0-1	54.8	70.4	11.0	11.3	0.01	0.1	剪切
	U0-2	85.5		10.7		0.1		劈裂
	U0-3	70.8		12.1		0.1		劈裂
	U30-1	89.1	74.3	11.7	11.9	0.1	0.1	剪切
	U30-2	82.8		12.5		0.1		剪切
	U30-3	51.0		11.5		0.02		剪切
	U45-1	69.7	40.5	12.6	10.3	0.1	0.1	剪切
	U45-2	30.2		10.8		0.54		剪切
	U45-3	21.5		7.4		0.003		剪切
	U60-1	63.0	63.0	11.9	12.3	0.1	0.08	剪切
	U60-2	65.8		13.0		0.03		剪切
	U60-3	60.3		12.1		0.1		剪切
	U90-1	64.8	89.8	12.0	12.6	0.02	0.02	劈裂
	U90-2	90.5		12.3		0.03		剪切
	U90-3	114.1		13.5		0.02		劈裂

注：U0-1，0代表节理角度，1代表岩石编号。

根据实验结果，如图2.15所示，本书绘制板岩峰值强度与节理面倾角的关系曲线，根据曲线可知，节理面为45°时（即节理面与水平面夹角45°）岩石单轴强度最低，平均为40.5MPa。节理面为90°时（即节理面与水平夹角90°）岩石单轴强度最大，平均为89.8MPa。节理面倾角为45°时其弹性模量也最小，平均为10.3GPa，节理面倾角为90°时岩石弹性模量最大，为12.6GPa。但节理面倾角为90°时，围岩泊松比最小，为0.02，说明其塑性破坏前横向变形较小。围岩倾角为30°~60°范围内，围岩基本以剪切形式破坏。但在0°和90°情况下出现了部分岩石试件劈裂破坏。现场岩样节理密集很难取到标准岩样，因此所取岩样强度较高，对下一步数值实验及理论分析起到参考作用。

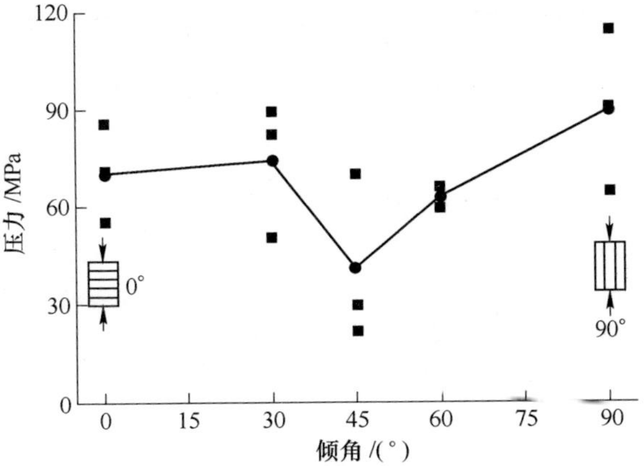

图 2.15 峰值强度与层理倾角的关系曲线

2.4.3.3 抗拉强度（劈裂实验）

抗拉强度是岩石变形破坏的重要指标之一，因此本书通过对不同角度下板岩巴西劈裂实验，得到抗拉强度与层理角度的关系。如图 2.16 所示，为岩石破坏前后照片对比。

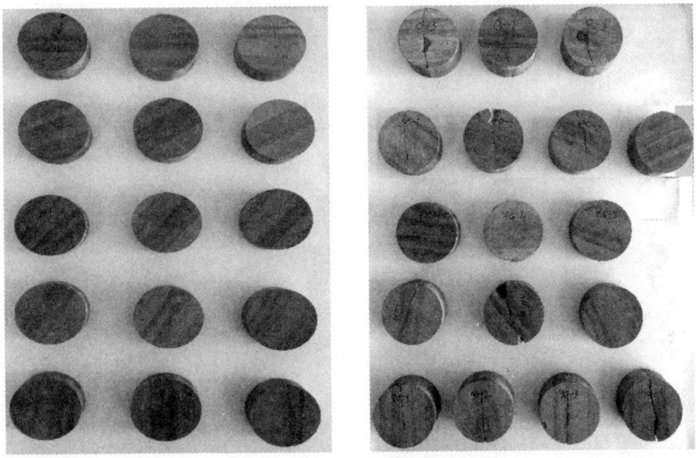

图 2.16 岩样破坏前后照片

根据劈裂实验的计算方法式（2.1），得到试件破坏载荷及抗拉强度，见表 2.5。

$$\sigma_t = \frac{2P}{\pi D h} \tag{2.4}$$

式中，σ_t 为岩石抗拉强度，MPa；P 为试件破坏荷载，N；D 为试件直径，mm；h 为试件厚度，mm。

表 2.5　劈裂试验结果

试件编号	层理倾角/(°)	样品描述	破坏荷载/kN	抗拉强度/MPa	平均值/MPa
P0-1	0	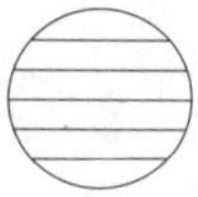	24.2	12.2	11.5
P0-2			20.6	10.8	
P0-3			22.1	11.6	
P30-1	30	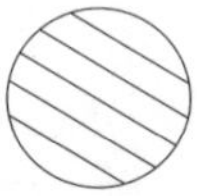	19.3	9.70	9.52
P30-2			11.3	6.13	
P30-3			20.5	10.8	
P30-4*			16.6	8.43	
P45-1	45	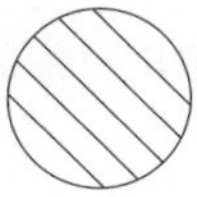	14.6	7.45	7.73
P45-2			14.7	7.45	
P45-3			15.7	8.28	
P60-1	60	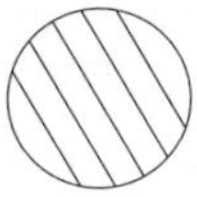	9.99	5.13	6.54
P60-2			14.4	7.30	
P60-3			13.7	7.18	
P90-1	90	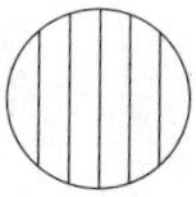	18.0	9.09	6.35
P90-2			9.6	4.88	
P90-3			12.6	6.57	
P90-4*			14.7	7.61	

根据实验结果，随着节理倾角的增加，岩石抗拉强度逐渐降低，如图 2.17 所示。

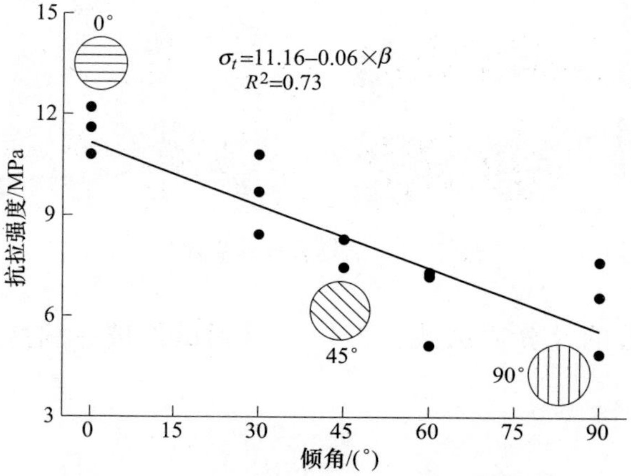

图 2.17　板岩抗拉强度与层理倾角的关系

2.4.3.4　抗剪强度（直剪）试验

直剪实验能够测定岩石抗剪强度，并且可以通过摩尔理论确定相关抗剪强度参数（内摩擦角 φ/(°)、黏聚力 C/MPa），岩石抗剪强度也与节理面倾角相关，因此本书同样选取 0°、30°、45°、60°、90°节理面倾角进行试验。如图 2.18 所示，试验仪器选用多功能真三轴实验主机及直剪实验试件盒。图 2.19 所示为岩石破坏前后照片。

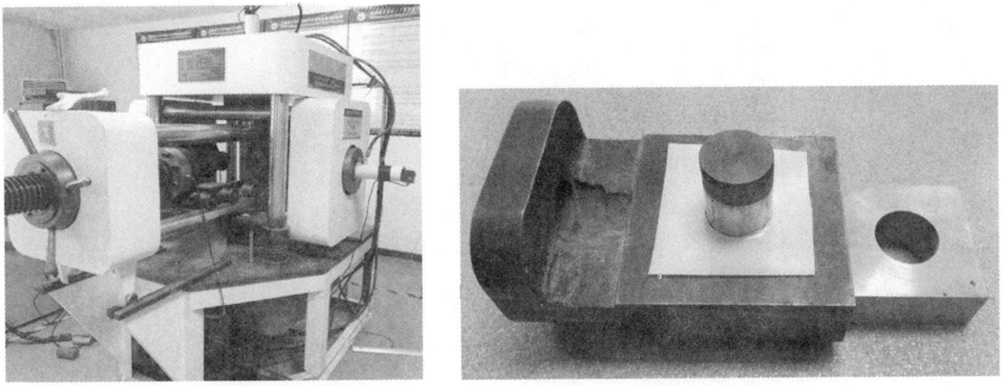

图 2.18　多功能真三轴实验机及试件盒

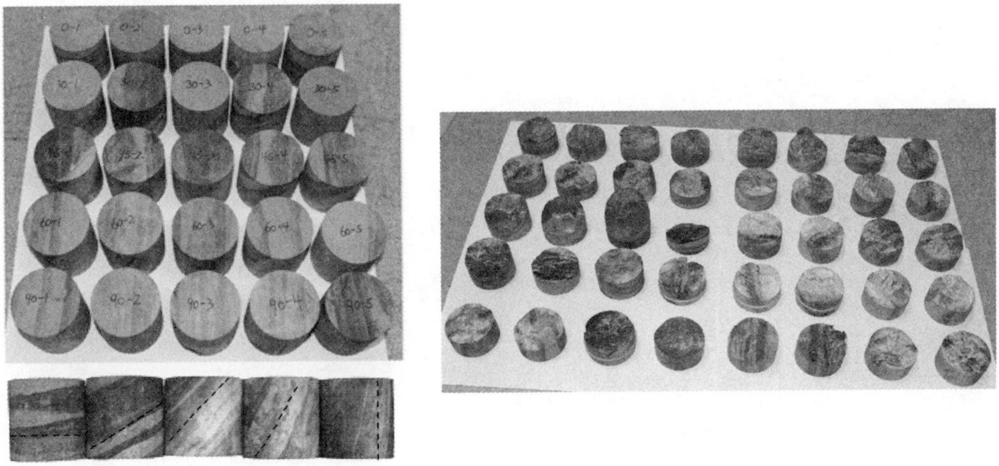

图 2.19　直剪实验岩石破坏前后照片

根据相关实验结果，总结出不同倾角岩样下的黏聚力及内摩擦角，见表 2.6。图 2.20 表示不同倾角下，岩样内摩擦角与黏聚力的关系。

表 2.6　直剪试验结果

试件编号	层理倾角/(°)	法向荷载/kN	σ_n/MPa	切向荷载/kN	σ_t/MPa	黏聚力 C/MPa	内摩擦角 φ/(°)
J0-1	0	19.7	10	44.7	22.4	10.0	51.3
J0-2		39.8	20	70.8	35.4		
J0-3		60.2	30	94.8	47.4		
J0-4		78.3	40	120.2	60.1		
J30-1	30	10	5	35.0	17.5	12.1	44.7
J30-2		20	10	41.0	20.1		
J30-3		30	15	58.8	29.4		
J30-4		40	20	61.7	30.9		
J45-1	45	10	5	39.9	20.0	17.2	40.7
J45-2		20	10	55.6	27.8		
J45-3		30	15	60.6	30.3		
J45-4		40	20	67.0	33.5		
J60-1	60	10	5	37.5	18.8	13.4	38.4
J60-2		20	10	41.2	20.6		
J60-3		30	15	44.8	22.4		
J60-4		40	20	62.8	31.4		
J90-1	90	10	5	43.4	21.7	19.7	28.1
J90-2		20	10	51.2	25.6		
J90-3		30	15	56.6	28.3		
J90-4		40	20	59.3	29.7		

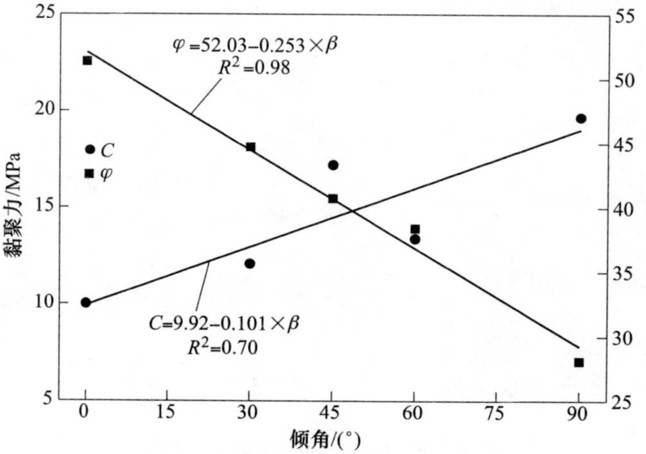

图 2.20　板岩抗剪强度参数与层理倾角的关系

3 木寨岭隧道 2 号斜井变形机理研究

本章介绍了木寨岭隧道 2 号斜井原支护方案，统计分析了隧道建设期间的变形破坏情况，并对隧道围岩变形特征进行了分析，建立了薄层状板岩隧道结构力学模型，从围岩结构及围岩塑性区分布两个方面论述围岩变形主控因素。利用离散元数值模拟的方法详细分析不同节理倾角、水岩耦合及不同埋深下的围岩变形特征。

3.1 原支护方案

隧道支护原理为新奥法，初期支护包括：系统锚杆（中空注浆锚杆）、超前小导管、钢筋网、钢拱架、早强混凝土组成，如图 3.1~图 3.3 所示。

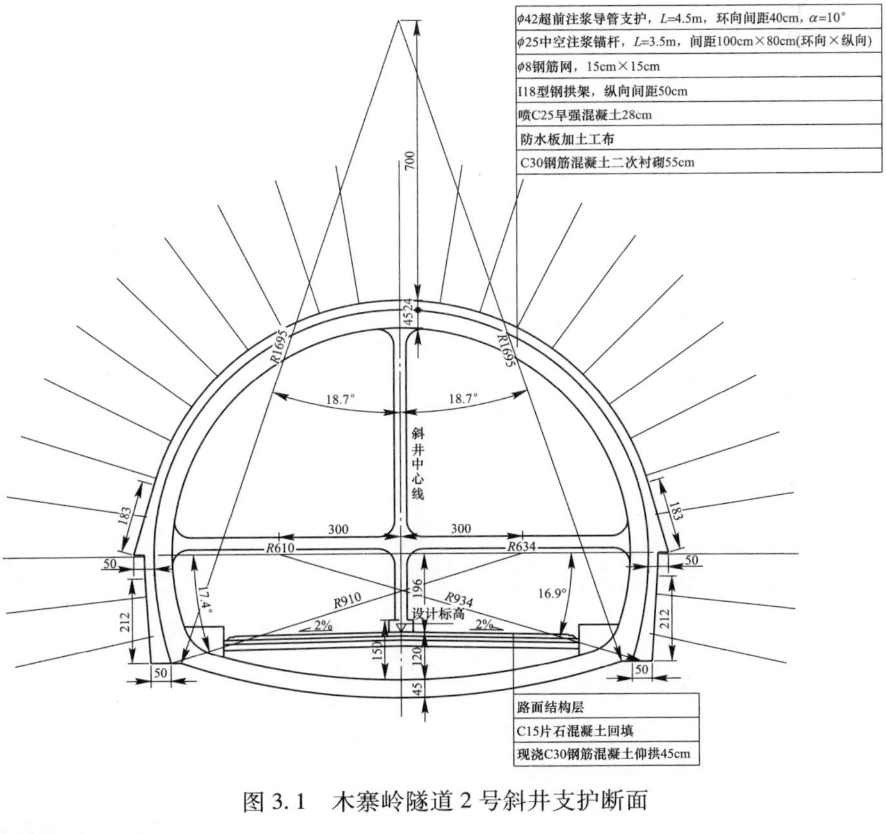

图 3.1 木寨岭隧道 2 号斜井支护断面

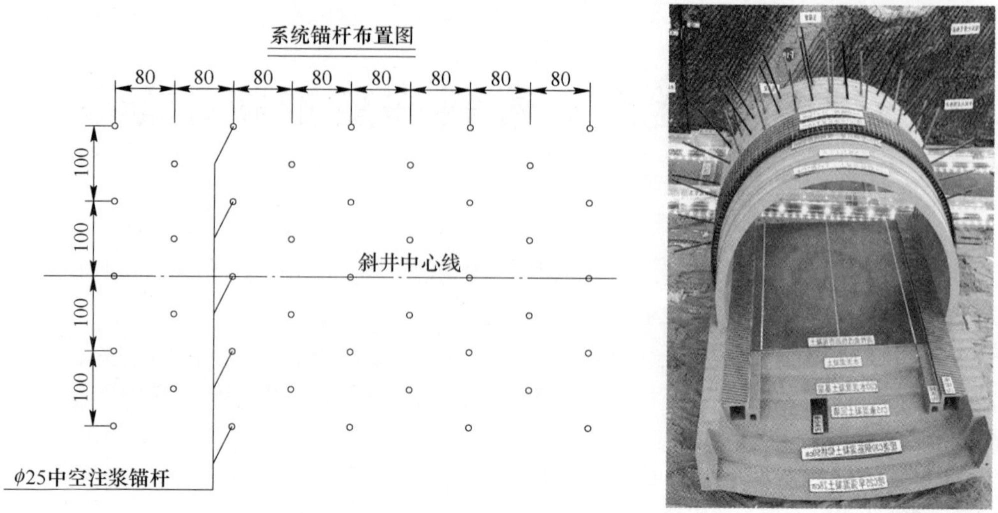

图 3.2　木寨岭隧道 2 号斜井锚杆布置图及三维图

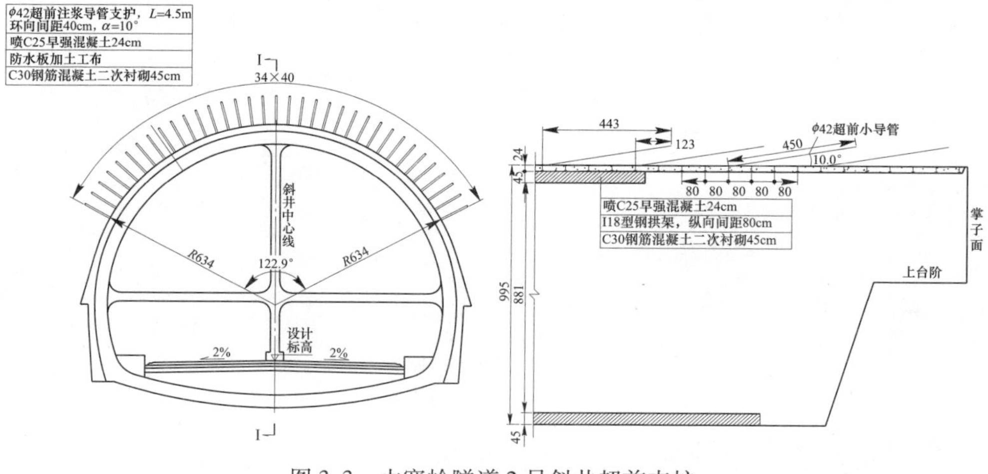

图 3.3　木寨岭隧道 2 号斜井超前支护

具体支护参数为：ϕ42 超前注浆小导管 4500mm，间距 400mm，外插角 10°；ϕ25 自进式中空注浆锚杆 5000mm，间距 1000mm×1500mm；全断面 ϕ8 钢筋网；I18 型钢拱架，间距 500mm，C25 喷砼 250mm；二次衬砌 C30 钢筋混凝土厚 550mm。

3.2　隧道围岩宏观变形特征

3.2.1　现场分段变形破坏综述

（1）XK0+060～XK0+250 段，埋深 35～137m，该段施工期间揭露围岩属断层破碎带，围岩压扭性强，实测累计下沉量 120~180mm，巷道左肩位置收敛值 150~430mm，出现了初支局部开裂现象，如图 3.4 所示。

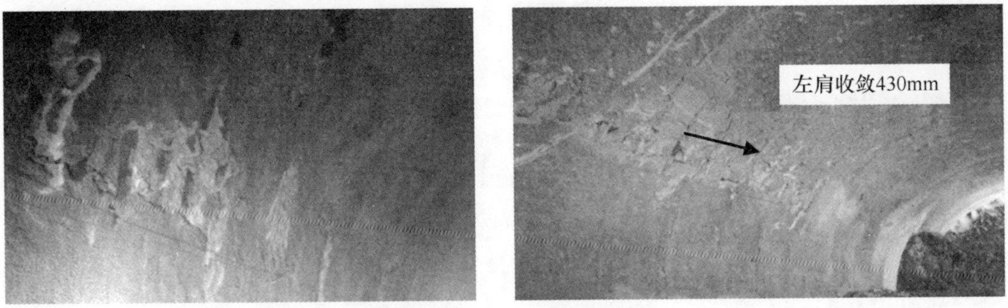

图 3.4 初期支护开裂

（2）XK0+250~XK0+410，隧道埋深 137~215m；该段施工期间揭露围岩属断层破碎带，围岩压扭性强，实测累计下沉量 230~327mm，累计收敛值 300~580mm；初支砼开裂破坏严重，钢架扭曲，初支变形侵限拆换段约 95m 长，如图 3.5 和图 3.6 所示。

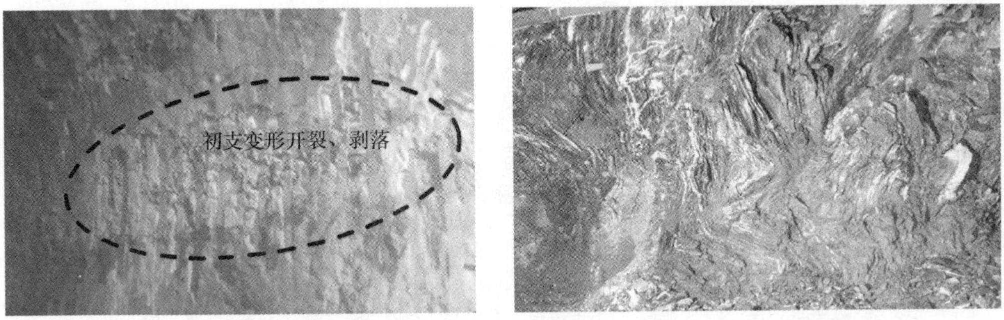

图 3.5 掌子面围岩及初支开裂

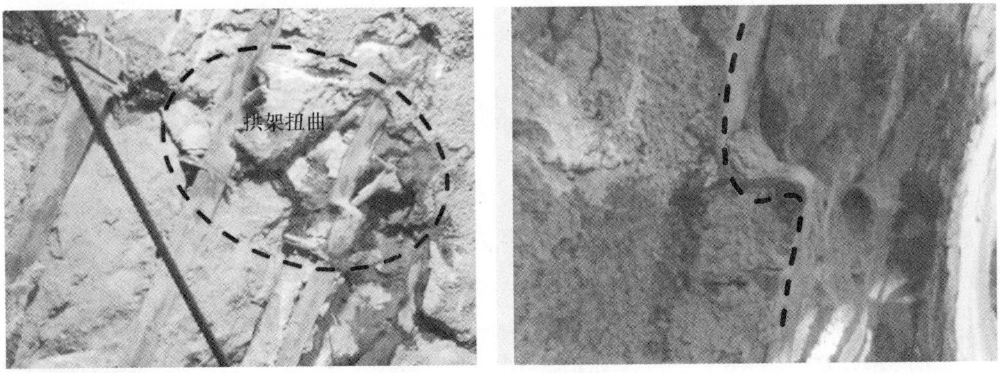

图 3.6 钢拱架扭曲变形

（3）XK0+764～XK0+865，隧道埋深 280～290m，该段施工揭露围岩主要为砂质板岩与炭质板岩互层，如图 3.7 所示。实测累计下沉量 250～427mm，累计收敛值 320～600mm；初支砼开裂破坏严重，钢架扭曲，初支变形侵限拆换段约 90m 长，如图 3.8 所示。

图 3.7　掌子面围岩

图 3.8　初期支护变形开裂

（4）XK1+010～XK1+115，隧道埋深 309～352m，该段施工揭露围岩主要为炭质板岩，如图 3.9 所示。实测累计下沉量 500～750mm，累计收敛值 650～1550mm；最大变形收敛速率 560mm/d，初支砼开裂破坏严重，钢架扭曲，初支变形侵限拆换段约 105m 长，如图 3.10 所示。

（5）XK1+330～XK1+380，隧道埋深 447～474m，该段施工揭示围岩主要为薄层状炭质板岩，如图 3.11 所示。实测累计下沉量 240～513mm，累计收敛值 637～1224mm；最大变形收敛速率 174mm/d，初支砼开裂剥落破坏严重，初支变形侵限拆换段约 50m 长，如图 3.12 所示。

（6）XK1+525～XK1+564，隧道埋深 568～597m，揭露围岩主要为薄层状炭质板岩，如图 3.13 所示。实测累计下沉量 240～565mm，累计收敛值 637～

图 3.9 掌子面围岩

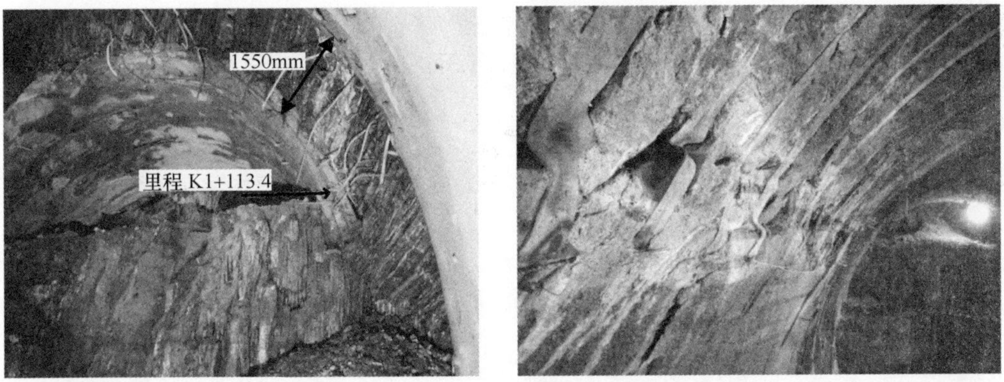

图 3.10 初期支护变形开裂

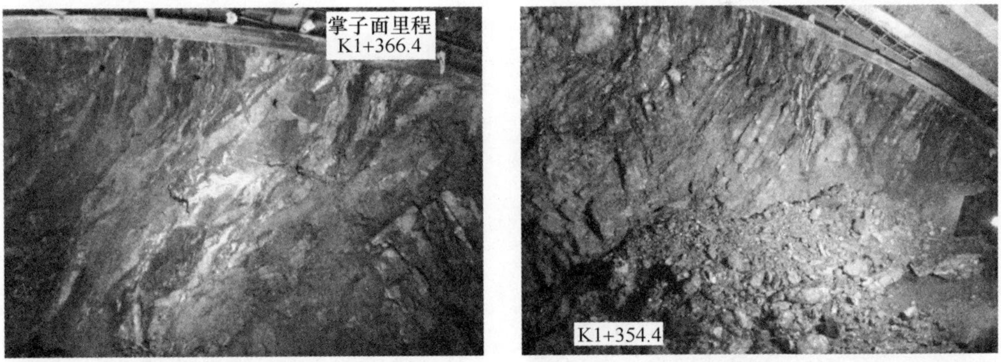

图 3.11 掌子面围岩

3145mm；最大变形收敛速率 831mm/d，初支砼开裂破坏严重，钢架扭曲初支变形侵限拆换段约 39m 长，如图 3.14 和图 3.15 所示。

图 3.12　初期支护变形开裂

图 3.13　掌子面围岩

图 3.14　初期支护变形开裂

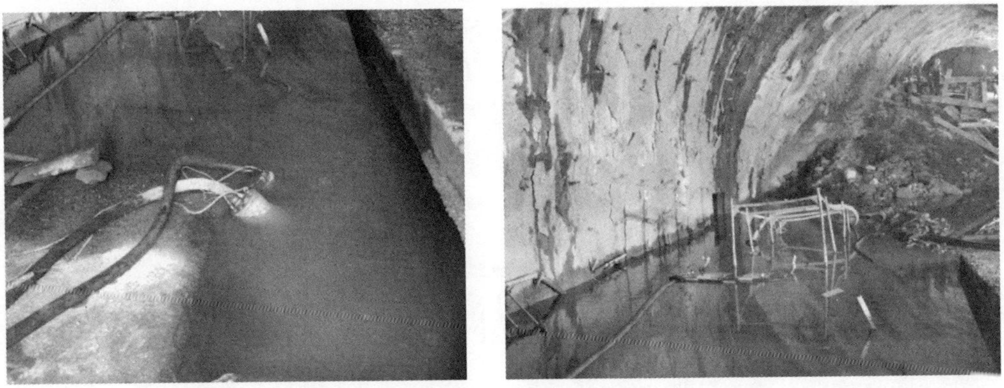

图 3.15 围岩渗水

（7）XK1+564～XK1+587，隧道埋深 590～597m，该段施工揭示围岩主要为薄层状板岩，如图 3.16 所示。实测累计下沉量 291～467mm，累计收敛值 657～1205mm；最大变形收敛速率 57mm/d，初支砼开裂破坏严重，钢架扭曲。初支变形侵限拆换段约 23m 长，如图 3.17 所示。

图 3.16 掌子面围岩

图 3.17 初期支护破坏情况

（8）XK1+622～XK1+666，隧道埋深 548～569m，该段施工揭露围岩主要为薄层状板岩，如图 3.18 所示。有股状水流出，实测累计下沉量 140～458mm，累计收敛值 127～2936mm；最大变形收敛速 814mm/d，初支砼开裂破坏严重，钢架扭曲初支变形侵限拆换段约 44m 长，如图 3.19 所示。

图 3.18　掌子面围岩

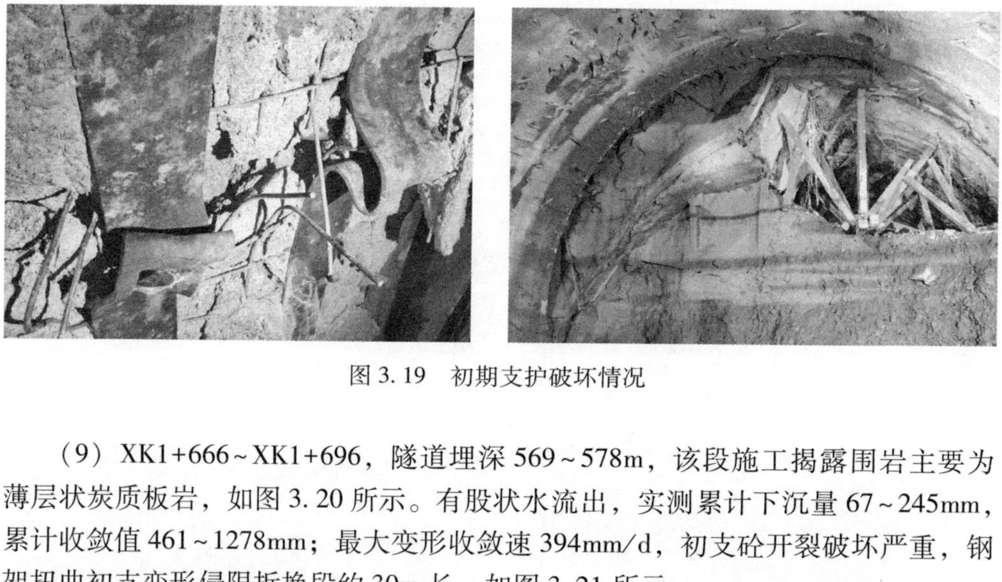

图 3.19　初期支护破坏情况

（9）XK1+666～XK1+696，隧道埋深 569～578m，该段施工揭露围岩主要为薄层状炭质板岩，如图 3.20 所示。有股状水流出，实测累计下沉量 67～245mm，累计收敛值 461～1278mm；最大变形收敛速 394mm/d，初支砼开裂破坏严重，钢架扭曲初支变形侵限拆换段约 30m 长，如图 3.21 所示。

3.2.2　围岩变形特征分析

围岩位移变化特征测试仪器采用三维激光扫描仪及全站仪相互配合，如图 3.22 所示，对所测得典型断面结果进行分析。

根据对 2 号斜井围岩变形量的统计，本书对隧道变形进行分区，分区的标准为隧道变形量，分区长度为隧道开挖至 K1713m，分区包括：基本稳定区（最大

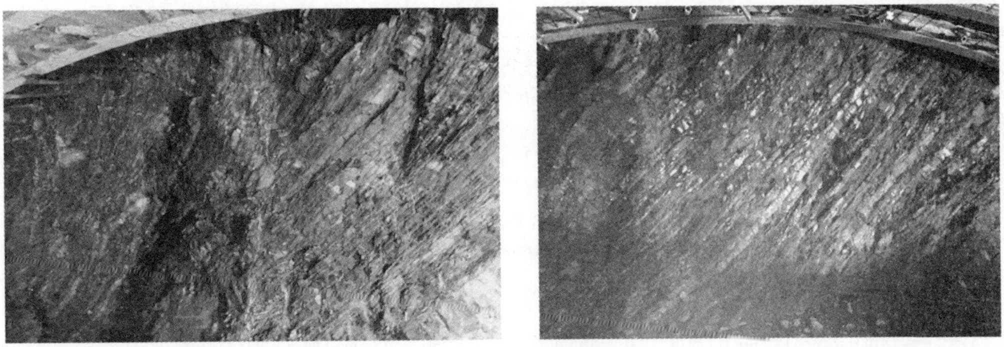

图 3.20 掌子面围岩

图 3.21 初期支护破坏情况

图 3.22 隧道围岩位移测试仪器

变形量小于 100mm）、轻微变形区（最大变形量 100～250mm）、较大变形区（最大变形量 250～1000mm）以及严重变形区（变形量大于 1000mm），具体如图

3.23 所示。通过对变形区分析，发现隧道总长度的 41%处于较大变形区，并且严重变形区埋深均超过 500m。基本稳定区长度 407m，轻微变形区为 250m，较大变形区为 717m，严重变形区为 338m。

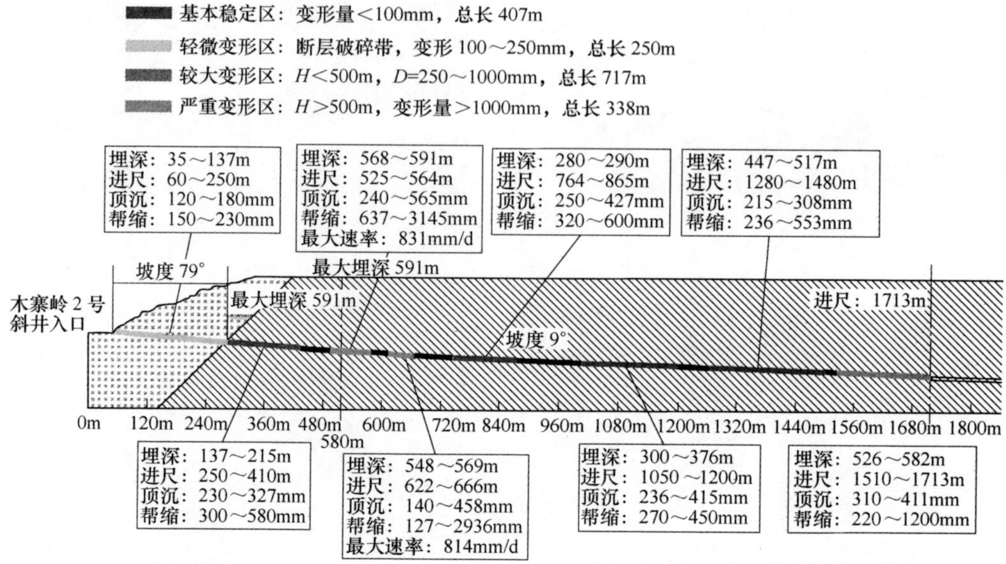

图 3.23　隧道围岩变形分区

根据量测结果，分析基本稳定区的围岩变形情况，隧道初支完成后围岩变形急剧增加，拱顶下沉 200~600mm，隧道一般在 14~18 天能够达到基本稳定，但变形并未停止，仍然以每天 1~2mm 变形。从全断面位移分布情况上来看，同断面隧道变形不对称，隧道左侧变形明显大于右侧变形。如图 3.24 所示，为典型围岩变形曲线。

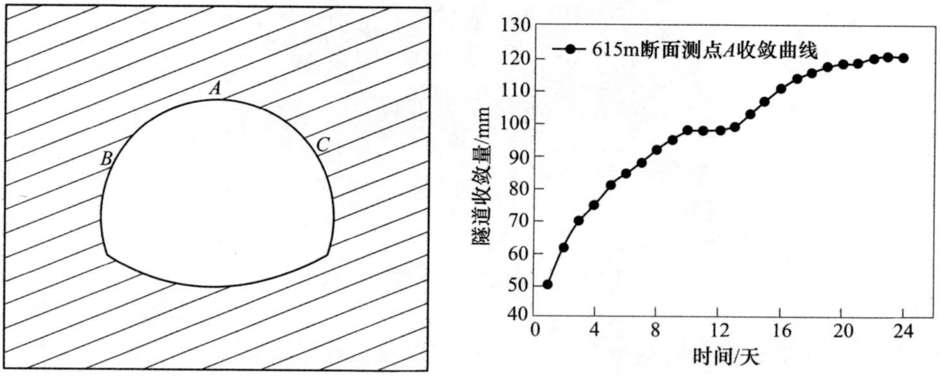

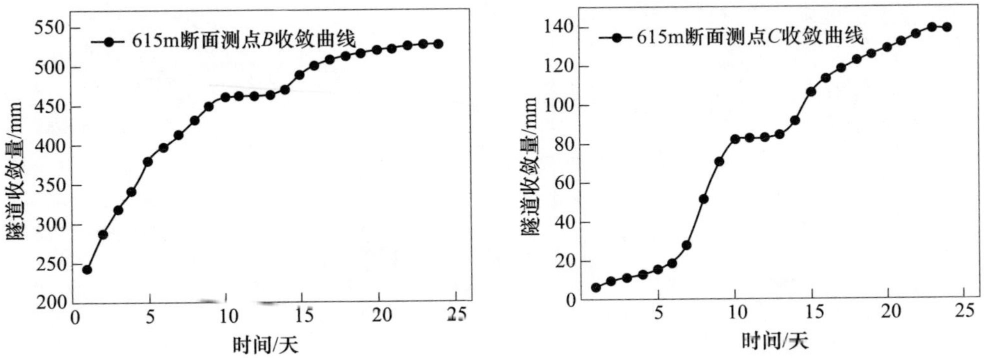

图 3.24 隧道位移监测曲线

3.3 薄层状板岩隧道结构力学模型及隧道围岩变形主控因素分析

3.3.1 薄层状板岩隧道结构力学模型

根据图 3.25 所示的薄层状板岩隧道结构力学模型，隧道开挖后左肩围岩在其向临空面法线方向失去原始应力，应力场由三维向二维转化。如图 3.25a 所示，左肩部围岩受到周围岩层的挤压及地应力的作用，围岩向隧道临空方向弯曲破坏。根据弹性薄板理论的适应性条件（板厚与板最小边长之比小于 1/5），本书采用薄板理论进行隧道围岩相关力学分析[82~86]。木寨岭隧道 2 号斜井隧道围岩节理发育，因此将岩体边界条件视为四边简支。

如图 3.25 所示，x 方向与隧道走向垂直且平行于围岩层理结构，y 方向与隧道走向平行且垂直于 x 方向。因此，与 x 方向平行且作用在薄板上的力为 N_x，与 y 方向平行且作用于薄板上的力为 N_y。$N_x = \lambda N_y$，假设板长度为 a，宽度为 b（初期支护与掌子面距离），薄板厚度为 h，围岩倾角为 α，垂直于薄层载荷为 q，围岩自重为 G，围岩弹性模量为 E，水理作用下围岩软化系数为 k（即饱和状态下围岩弹性模量为k_1E，泊松比为k_2u）。

薄板在载荷作用下的弯曲基本微分方程如式（3.1）~式（3.3）所示。

$$D\nabla^4\omega = N_x\frac{\partial^2\omega}{\partial x^2} + 2N_{xy}\frac{\partial^2\omega}{\partial x\partial y} + N_y\frac{\partial^2\omega}{\partial y^2} + q \tag{3.1}$$

$$D = Eh^3/12(1 - u^2) \tag{3.2}$$

$$\nabla^4\omega = \left[\frac{\partial^2}{\partial x^2} + \frac{\partial^2}{\partial y^2}\right]\left[\frac{\partial^2\omega}{\partial x^2} + \frac{\partial^2\omega}{\partial y^2}\right] \tag{3.3}$$

考虑板的重力并且引入艾里应力函数 Φ，求得板内应力分量，方程如式（3.4）~式（3.7）所示[87,88]。

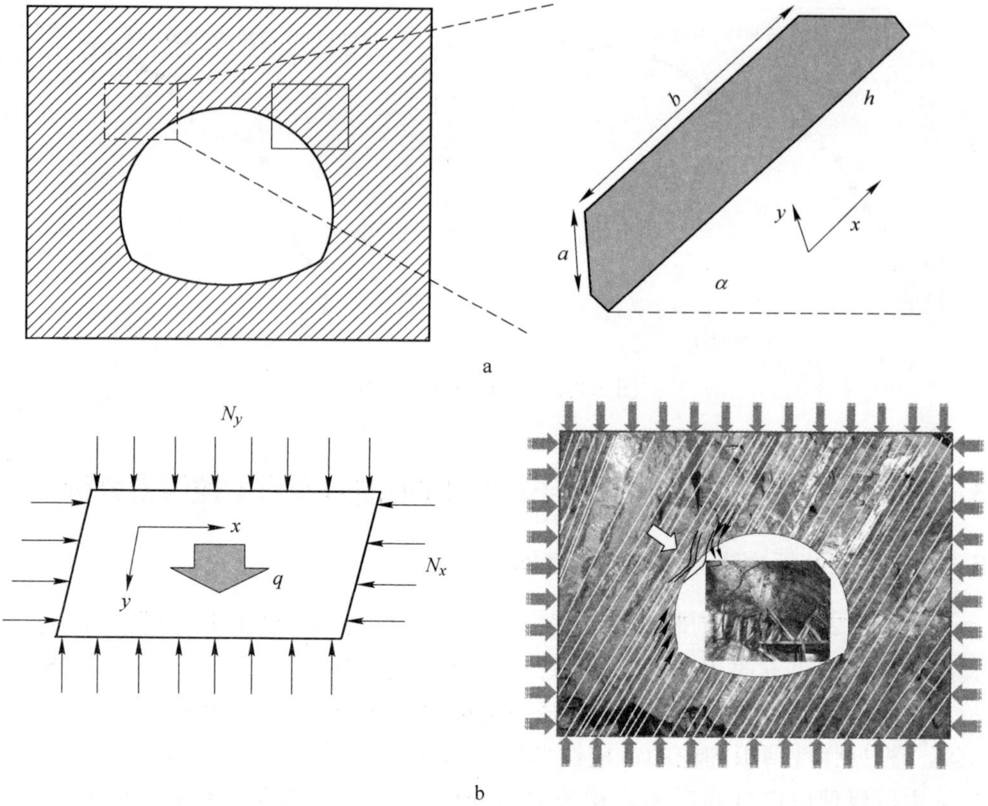

图 3.25　围岩结构力学模型

a—围岩层理结构示意图；b—薄板受力力学模型

$$D\nabla^4\omega + [N_x + 1/2(Ga\sin\alpha)]\frac{\partial^2\omega}{\partial x^2} + \lambda N_x\frac{\partial^2\omega}{\partial y^2} = 0 \tag{3.4}$$

$$\sigma_x = \frac{N_x}{h} = \frac{\partial_2\Phi}{\partial y^2} \tag{3.5}$$

$$\sigma_y = \frac{N_y}{h} = \frac{\partial_2\Phi}{\partial x^2} \tag{3.6}$$

$$\tau_{xy} = \frac{N_{xy}}{h} = \frac{\partial_2\Phi}{\partial x\partial y} \tag{3.7}$$

四边简支条件下薄板边界条件为：

$$\begin{cases} \text{当 } x=0\text{、}x=a \text{ 时，} \omega=0,\ \dfrac{\partial^2\omega}{\partial x^2}=0 \\ \text{当 } y=0\text{、}y=a \text{ 时，} \omega=0,\ \dfrac{\partial^2\omega}{\partial y^2}=0 \end{cases} \tag{3.8}$$

薄板挠度函数为：
$$\omega = \sum_{m=1}^{\infty}\sum_{n=1}^{\infty} A_{mn}\sin\frac{m\pi x}{a}\sin\frac{n\pi y}{b} \tag{3.9}$$

将式（3.8）和式（3.9）代入式（3.4）可得：

$$\sum_{m=1}^{\infty}\sum_{n=1}^{\infty} A_{mn}\sin\frac{m\pi x}{a}\sin\frac{n\pi y}{b}\left\{\left[\left(\frac{m\pi}{a}\right)^2+\left(\frac{n\pi}{b}\right)^2\right]^2-\frac{Ga\sin\alpha}{2D}\left(\frac{m\pi}{a}\right)^2-\frac{N_x}{D}\left(\frac{m\pi}{a}\right)^2-\frac{\lambda N_x}{D}\left(\frac{n\pi}{b}\right)^2\right\}=0 \tag{3.10}$$

易知：

$$\left[\left(\frac{m\pi}{a}\right)^2+\left(\frac{n\pi}{b}\right)^2\right]^2-\frac{Ga\sin\alpha}{2D}\left(\frac{m\pi}{a}\right)^2-\frac{N_x}{D}\left(\frac{m\pi}{a}\right)^2-\frac{\lambda N_x}{D}\left(\frac{n\pi}{b}\right)^2=0$$

求解可得：

$$N_x=\frac{\pi^2 D}{a^2}\frac{\left(m^2+n^2\dfrac{a^2}{b^2}\right)^2}{m^2+\lambda n^2\dfrac{a^2}{b^2}}-\frac{m^2 Ga\sin\alpha}{2\left(m^2+\lambda n^2\dfrac{a^2}{b^2}\right)} \tag{3.11}$$

由公式（3.11）可知，四边简支情况下，N_x 大于最小屈服载荷时，薄板产生破坏。因此，薄板破坏的条件如公式（3.12）所示。

$$N_x-\frac{\pi^2 D}{a^2}\frac{\left(m^2+n^2\dfrac{a^2}{b^2}\right)^2}{m^2+\lambda n^2\dfrac{a^2}{b^2}}-\frac{m^2 Ga\sin\alpha}{2\left(m^2+\lambda n^2\dfrac{a^2}{b^2}\right)}=0 \tag{3.12}$$

考虑吸水软化情况下的薄板破坏条件如公式（3.13）所示。

$$N_x-\frac{\pi^2}{a^2}k_1Eh^3/12[1-(k_2u)^2]\frac{\left(m^2+n^2\dfrac{a^2}{b^2}\right)^2}{m^2+\lambda n^2\dfrac{a^2}{b^2}}-\frac{m^2 Ga\sin\alpha}{2(m^2+\lambda n^2\dfrac{a^2}{b^2})}=0 \tag{3.13}$$

根据式（3.12）及式（3.13）可知，薄板破坏与隧道洞径呈现4次方关系，吸水软化系数越大薄板极限破坏载荷越小，围岩倾角也是影响围岩稳定性的重要因素，隧道埋深与 N_x 正向相关。

3.3.2 基于摩尔库仑理论下的围岩稳定性分析

如图3.25所示，隧道围岩右肩区域及其他不符合采用薄板理论分析的区域，应采用摩尔库仑理论进行稳定性分析。根据本书2.2小节中对地应力的描述可知，围岩测压系数 $\lambda>1$，因此围岩切应力表现为压应力。

该小节首先假设围岩为均质岩体，将隧道断面近似为圆形，从而根据弹塑性力学相关方程得到应力分布函数，然后通过节理岩体的摩尔库伦准则考虑结构面受力情况以及破坏条件[89~93]。

弹性区的应力方程：

切向应力：

$$\sigma_\theta = p\left(1 + \frac{R_0^2}{r^2}\right) - \left[(p_i + C\cot\phi)\left(\frac{R_0}{a}\right)^{\frac{2\sin\phi}{1-\sin\phi}} - C\cot\phi\right]\frac{R_0^2}{r^2} \tag{3.14}$$

径向应力：

$$\sigma_r = p\left(1 - \frac{R_0^2}{r^2}\right) + \left[(p_i + C\cot\phi)\left(\frac{R_0}{a}\right)^{\frac{2\sin\phi}{1-\sin\phi}} - C\cot\phi\right]\frac{R_0^2}{r^2} \tag{3.15}$$

式中，p 为原岩应力；p_i 为支护阻力；R_0 为圆形隧道半径；r 为所求应力处半径；ϕ 为围岩内摩擦角；C 为围岩黏聚力。

塑性区应力方程：

径向应力：

$$\sigma_r = (p_i + C\cot\phi)\left(\frac{r}{a}\right)^{\frac{2\sin\phi}{1-\sin\phi}} - C\cot\phi \tag{3.16}$$

切向应力：

$$\sigma_\theta = (p_i + C\cot\phi)\left(\frac{1 + \sin\phi}{1 - \sin\phi}\right)\left(\frac{r}{a}\right)^{\frac{2\sin\phi}{1-\sin\phi}} - C\cot\phi \tag{3.17}$$

围岩结构面应力分析，如图3.26所示。

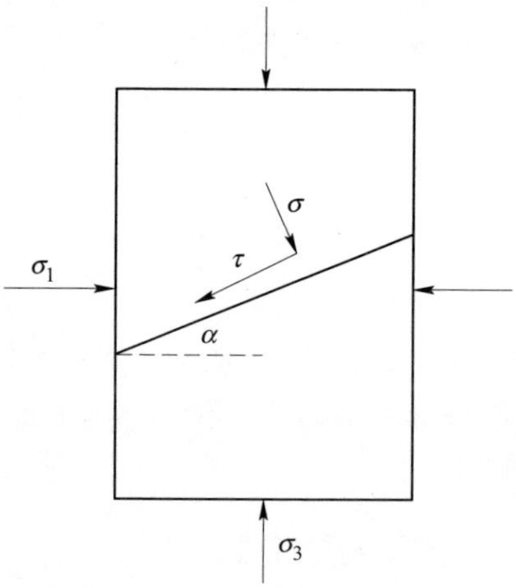

图3.26 围岩结构面受力情况

根据相关文献可知[94~96]，因为有结构面的存在，围岩破坏主要为结构面的滑移及剪切破坏，结构面所受法向应力及剪切应力如式（3.18）和式（3.19）

所示。

$$\sigma = \frac{\sigma_3 + \sigma_1}{2} + \frac{\sigma_3 - \sigma_1}{2}\cos 2\alpha \tag{3.18}$$

$$\tau = \frac{\sigma_3 - \sigma_1}{2}\sin 2\alpha \tag{3.19}$$

根据摩尔库仑理论，结构面产生剪切破坏时各应力关系如公式（3.20）所示。

$$\sigma_1 = \sigma_3 - \frac{2(c_i + \sigma_3 \tan\varphi_i)}{(1 - \tan\varphi_i \cot\alpha)\sin 2\alpha} \tag{3.20}$$

式中，σ_1 代表最大主应力，为公式（3.14）~式（3.17）中所求切向应力；σ_3 代表最小主应力，为公式（3.14）~式（3.17）中所求轴向应力；τ 为结构面抗剪强度；c_i 为结构面黏聚力；φ_i 为结构面内摩擦角。

设公式（3.20）是关于节理面倾角 α 的函数，对公式（3.20）进行求导，令导数为 0，此时所得倾角为节理面最易破坏角度，求导可得公式（3.21）。

$$\left[\frac{\sigma_1 - \sigma_3}{2}\sin 2\alpha - \left(\frac{\sigma_1 + \sigma_3}{2} + \frac{\sigma_1 - \sigma_3}{2}\cos 2\alpha\right) c\tan\varphi_i - c_i\right] / \alpha = 0 \tag{3.21}$$

求得 $\alpha = 45° + \varphi_i/2$。

根据以上分析，在节理密度大致相等条件下，本书认为影响隧道变形的主控因素包括：围岩不同节理倾角，水岩耦合作用下围岩强度的衰减，隧道埋深等。

3.4 薄层板岩隧道变形机理数值分析

3.4.1 3DEC 离散元软件简介

3DEC（3 Dimension Distinct Element Code）采用离散单元法基本理论进行数值分析。在模拟岩体力学行为过程中将岩体划分岩块及节理两个基本要素，并采用拉格朗日的求解方式，使其在求解非连续介质破坏过程中具有天然优势，适合分析岩体在动静荷载作用下的大变形或破坏行为。本书岩块采用摩尔库伦本构模型，节理面采用库伦滑移模型。块体与块体的相互作用可以分解为法向力矢量增量（F_n）以及剪切力矢量增量（F_s），块体接触面法向位移以及切向位移分别为 μ_n 及 μ_s，接触面法向刚度及切向刚度分别为 k_n 及 k_s。在接触面处于弹性阶段时，假设接触面之间不存在拉应力且满足库伦条件，则其满足以下公式[98]：

$$F_n = k_n \mu_n,\ \mu_n \leqslant 0 \tag{3.22}$$

$$F_n = 0,\ \mu_n > 0 \tag{3.23}$$

$$F_s = k_s \mu_s,\ |F_{cs}| \leqslant f|F_{cs}| + cL \tag{3.24}$$

$$F_s = \mathrm{sign}(\dot{u}_s)(f|F_{cs}| + cL),\ |F_{cs}| \leqslant f|F_{cs}| + cL \tag{3.25}$$

式中，F_{cs} 为接触力；F_n 为接触力法向分量；F_s 为接触力切向分量；k_n 为接触面法向刚度；k_s 为接触面切向刚度；μ_n 为接触面法向位移；μ_s 为接触面切向位移；f 为接触面摩擦系数；c 为接触面黏聚力；L 为接触面长度。

本书针对木寨岭 2 号斜井优势节理突出且多种形态节理共存的情况提出了含优势节理组等效遍布节理的模拟建模方法。如图 3. 27a 所示，围岩岩性主要以炭质板岩为主，在漫长地质构造作用下岩体分布复杂多变的节理。在数值模拟过程中显然无法考虑所有节理，如图 3. 27b 所示，将围岩节理分布概化，明显可以发现节理中存在优势节理组，如图 3. 27c 所示。从局部上看其他节理（除优势节理）存在各向异性的特征，但是在宏观上可视作各向同性，采用 3DEC-Trigon 的方法进行连续性介质等效，如图 3. 27d 所示。在等效过程中需要考虑岩体的 REV 特征以及岩石至岩体参数的转换[97]。

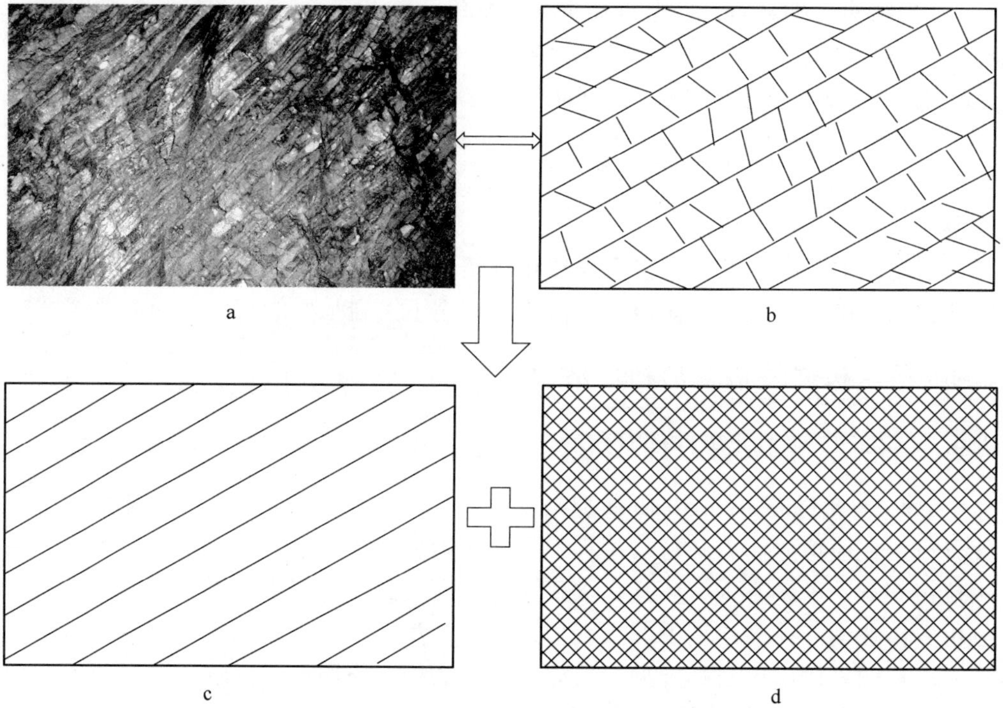

图 3. 27　含优势节理组等效遍布节理的模拟建模方法
a—掌子面照片；b—节理分布概化；c—优势节理；d—等效遍布节理

3. 4. 2　数值模拟参数及模型

工程岩体力学参数的选取直接采用实验所获得数据是不可行的，并且数值计算参数选取是研究岩土工程关键问题之一，对计算结果起着至关重要的作用。参数的选取不仅需要考虑岩石强度等岩石固有属性，还需要结合岩体赋存环境以及结构特征等。目前岩石分级标准主要有：RMR（Rock Mass Rating），RQD（Rock Quality Designation），RMI（Rock Mass Index）以及 GSI 等分级标准。Hoek E 建立了一套基于 GSI 地质分级指标的方法，采用如下公式进行岩石强度转换：

$$\frac{E_{rm}}{E_i} = 0.02 + \frac{1 - D/2}{1 + e^{(60+15D-\mathrm{GSI})/11}} \tag{3.26}$$

$$\sigma_{\mathrm{cmass}} = \sigma_{ci}\frac{m_b + 4s - a(m_b - 8s)}{2(1 + a)(2 + a)}\left(\frac{m_b}{4 + s}\right)^{as-1} \tag{3.27}$$

$$m_b = m_i \exp\left(\frac{\mathrm{GSI} - 100}{28 - 14D}\right) \tag{3.28}$$

$$s = \exp\left(\frac{\mathrm{GSI} - 100}{9 - 3D}\right) \tag{3.29}$$

$$a = \frac{1}{2} + \frac{1}{6}\left(e^{-\frac{\mathrm{GSI}}{15}} - e^{-\frac{20}{3}}\right) \tag{3.30}$$

式中，E_{rm}表示岩体弹性模量；σ_{cmass}表示岩体单轴抗压强度；GSI 表示地质强度指数；E_i 表示岩石的变形模量；σ_{ci} 表示完整岩石的单轴抗压强度；D 表示岩体损伤系数（D=0.5）。

依据文献《Itasca Consulting Group，Inc. 3DEC User Manual；Itasca Consulting Group，Inc.：Minneapolis，MN，USA，2016》[38]中节理参数选取原则，先进行节理均布建模，如公式（3.31）~式（3.34），选取特征单元 $\Delta z_{\min} = 0.8$。

$$K = \frac{E}{3(1 - 2\mu)}' \tag{3.31}$$

$$G = \frac{E}{2(1 + \mu)}' \tag{3.32}$$

$$K_n = 10\left(\frac{K + \frac{3}{4}G}{\Delta z_{\min}}\right)' \tag{3.33}$$

$$K_s = 0.4K_n \tag{3.34}$$

参考 GSI 岩石分类标准，利用以上公式，结合模拟过程中的数值反演分析，得到自然状态下炭质板岩以及饱和含水条件下炭质板岩岩石强度[99~101]，见表 3.1 和表 3.2。根据多次数值分析，得到该条件下岩体的 REV 指标为 8m×8m×16m，采用 3DEC 进行对岩体单轴压缩实验，结果如图 3.28 所示。

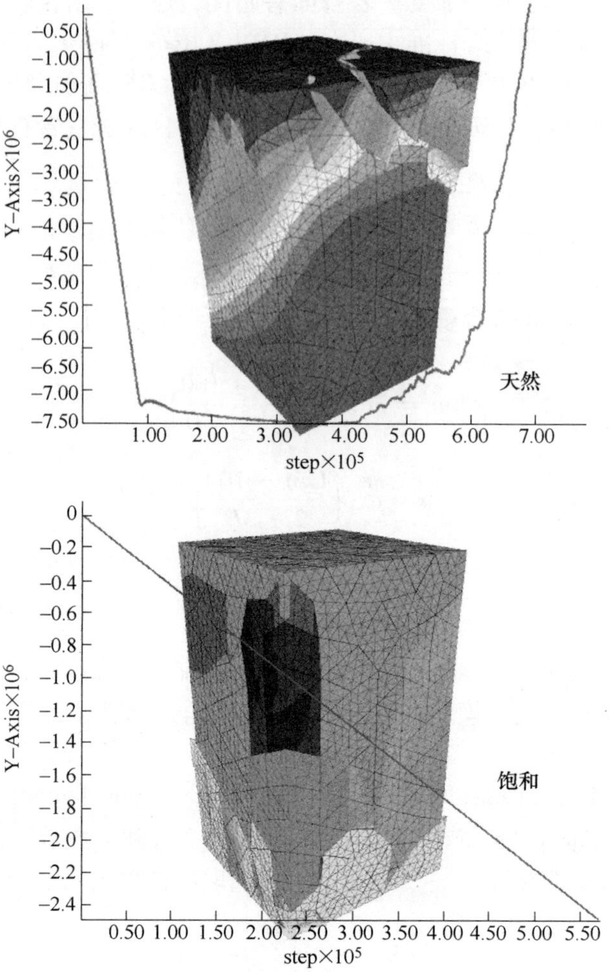

图 3.28　岩体单轴压缩数值实验

表 3.1　炭质板岩岩体强度

岩　性	岩石		地质强度指数	常数				岩体	
	σ_{ci} /MPa	E_i /GPa	GSI	m_i	m_b	s	a	σ_{cmass} /MPa	E_{rm} /GPa
天然状态炭质板岩	29.5	7.6	40	19	1.091	0.000335	0.511	7.4	0.6
饱和水状态炭质板岩	11.7	2.8	37	5	0.249	0.000225	0.514	3.0	0.1

表 3.2　炭质板岩力学参数

岩　性	岩体参数						结构面参数				
	密度 /kg·m^{-3}	K /GPa	G /GPa	C^b /MPa	ϕ^b	σ_t^b /MPa	K^n /GPa	k^s /GPa	C^j /MPa	ϕ^j	σ_t^j /MPa
天然状态炭质板岩	2500	0.44	0.25	1.7	22	0.6	30.21	12.08	3.75	29	3.45
饱和水状态炭质板岩	2500	0.24	0.092	0.94	20	0.3	11.17	4.45	2.91	20	1.66

经过多次反演分析结合现场实测围岩变形数据，选取 jkn = 2e9、jks = 1e9、jcoh = 1e5、jfr = 25、jten = 5e4 作为优势节理参数。

3.4.3　数值模型建立

如图 3.29 所示，建立隧道开挖模型，模型包括隧道断面、均匀节理及优势节理布置，地应力采用第 2.2 小节中所获得地应力，充分考虑开挖引起的边界效应，模型长×宽×高 = 60m×30m×60m。隧道底部的反向拱用混凝土进行充填，计算模型底部施加固定约束，其他边界根据地应力情况，施加应力约束。

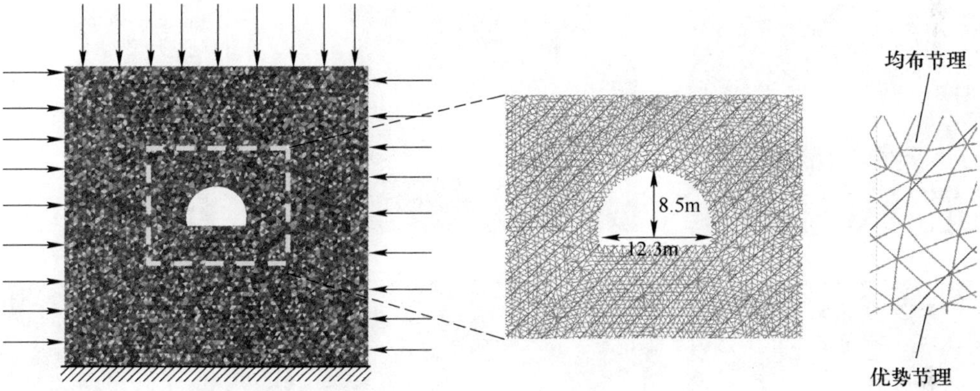

图 3.29　数值计算模型

3.4.4　不同节理倾角对隧道围岩的影响

采用以上计算模型，地应力采用埋深 500m 时估算的地应力，垂直地应力为 12.5MPa，最大水平应力 21MPa，最小水平应力 12.5MPa。本次模拟不考虑隧道支护，通过改变优势节理角度，分析不同节理倾角下隧道围岩变形特征规律、应力分布规律以及塑性区扩展规律。

（1）不同节理倾角下围岩位移变化特征。不同节理倾角下围岩位移分布特征如图 3.30~图 3.34 所示。

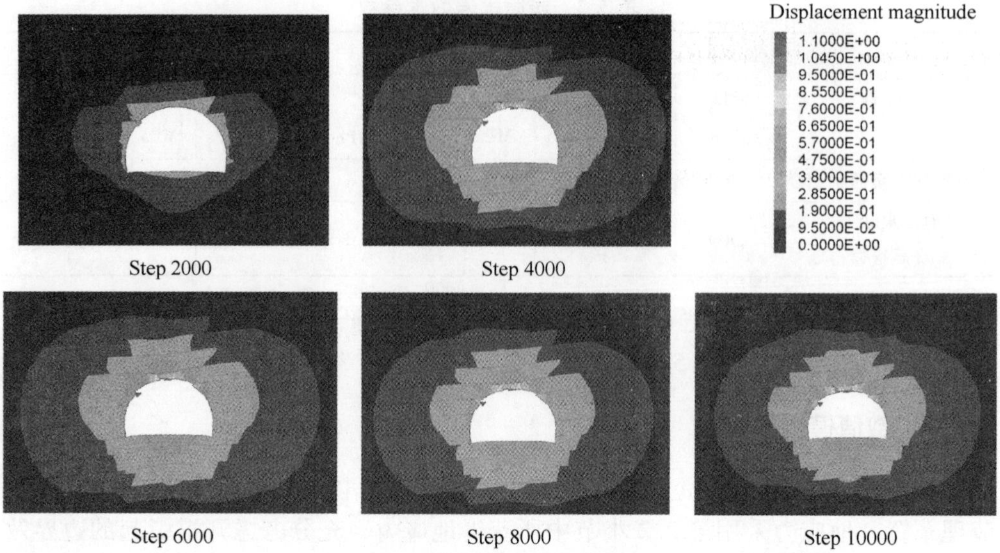

图 3.30　15°倾角围岩位移分布特征

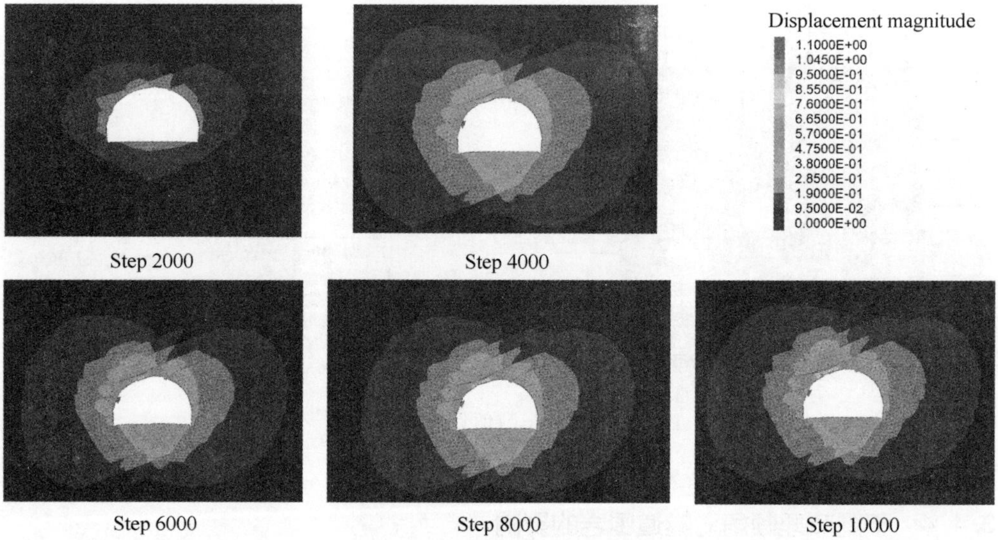

图 3.31　30°倾角围岩位移分布特征

如图 3.30～图 3.34 所示，隧道开挖后产生弯曲变形及块体滑移变形，并且主要以弯曲变形为主。弯曲变形最大处为隧道左肩窝。弯曲变形主要是因为在地应力作用下，板状围岩的挠度增加，滑移变形主要是结构面的剪切滑移引起的。隧道在节理的作用下变形呈现非对称性，15°、30°、45°、60°和 75°节理倾角下，

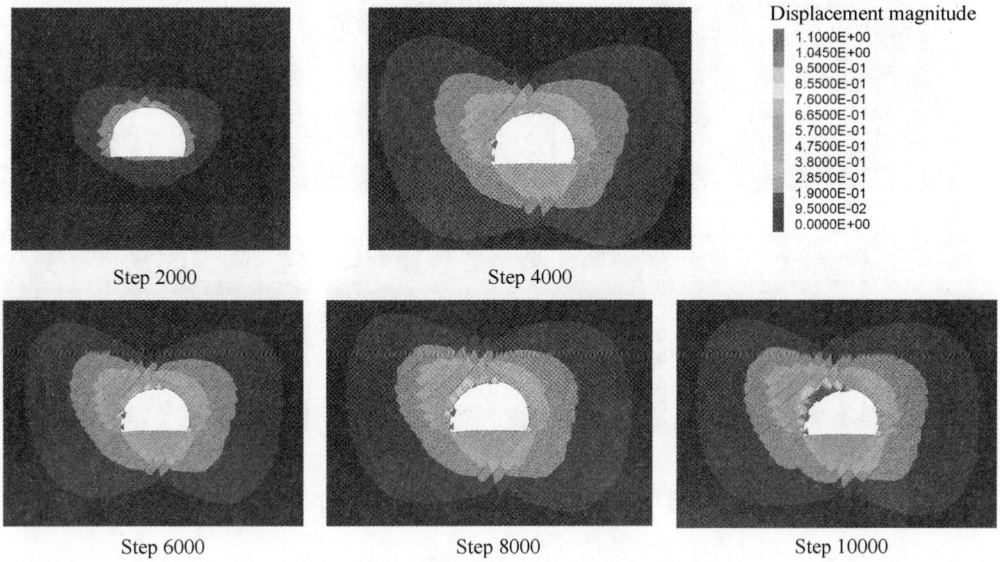

图 3.32 45°倾角围岩位移分布特征

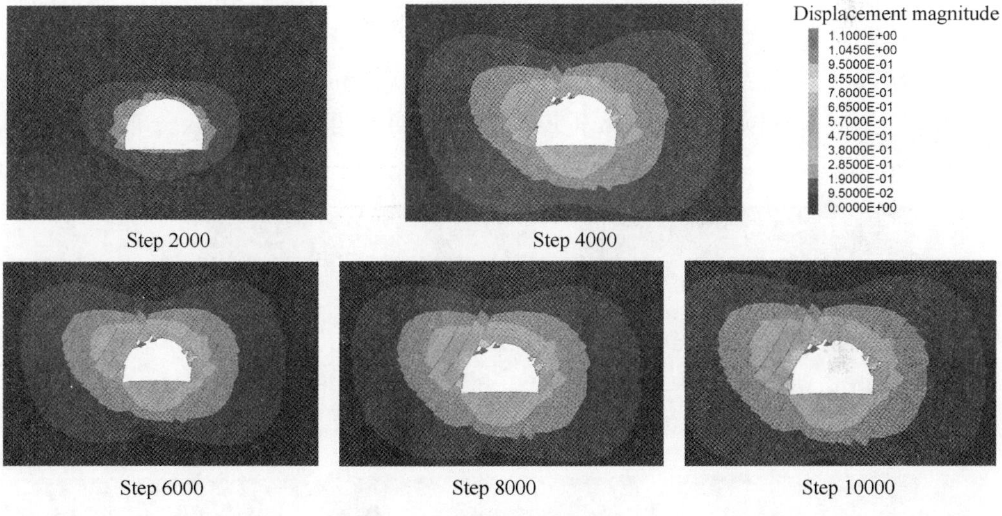

图 3.33 60°倾角围岩位移分布特征

非对称最为明显的是节理面倾角 45°，呈现非对称的蝶形位移。15°节理倾角下弯曲变形最大值为 0.6m，位移变形在计算至 4000 步时基本停止，离层发育至围岩深部 3.5m 左右。30°节理倾角下弯曲变形最大值为 0.7m，位移变形在计算至 8000 步时基本停止，离层发育至围岩深部 3.5m 左右，隧道围岩左右均出现滑移破坏。45°节理倾角下弯曲变形最大值为 1.2m，位移变形在计算至 10000 步时基

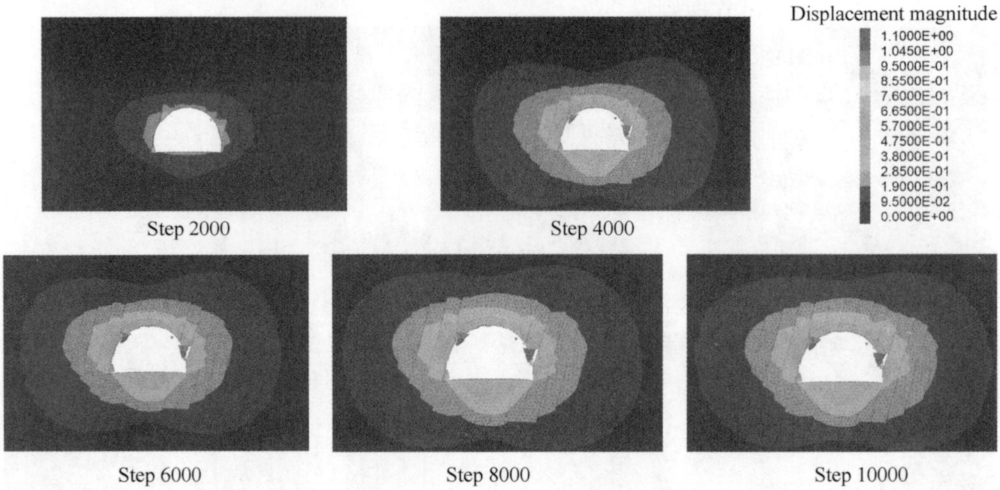

图3.34 75°倾角围岩位移分布特征

本停止，离层发育至围岩深部7m左右，隧道滑移破坏导致的块体剥落逐渐增多，隧道围岩变形呈现较强非对称性。60°节理倾角下弯曲变形最大值为0.8m，位移变形在计算至9000步时基本停止，离层发育至围岩深部4m左右，隧道围岩变形呈现较强非对称性。75°节理倾角下弯曲变形最大值为0.55m，位移变形在计算至8000步时基本停止，离层发育至围岩深部3.5m左右。

(2) 不同节理倾角下塑性区扩展规律。不同倾角围岩塑性区分布特征如图3.35所示。

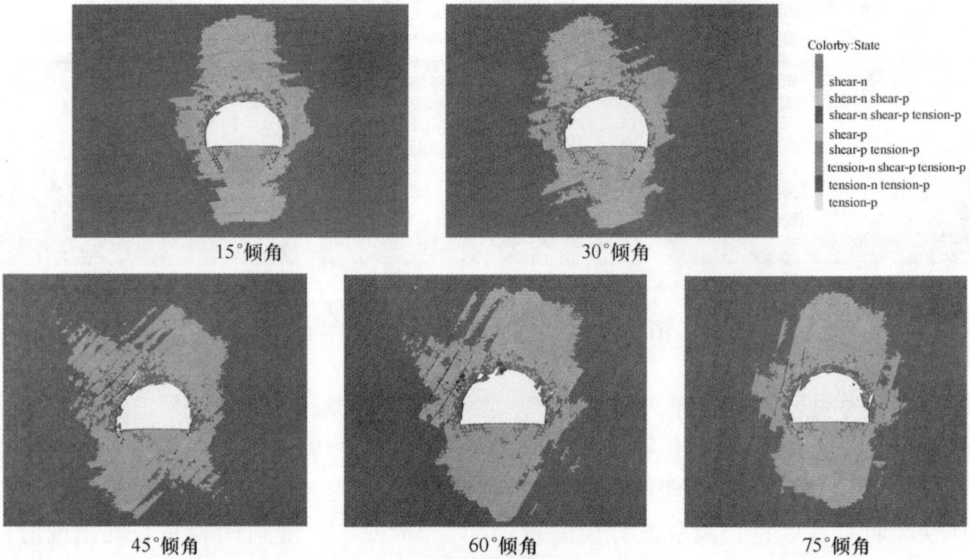

图3.35 不同倾角围岩塑性区分布特征

隧道围岩随不同节理倾向的塑性区分布规律及范围，如图 3.35 所示，隧道塑性区分布，随优势节理倾向，整体形态变化明显，塑性区浅部破坏形式表现为剪切和拉伸破坏共存，深部岩体破坏主要由于剪切破坏形成，塑性区分布主要沿着优势节理面方向及垂直优势节理面方向，整体形态十字交叉。节理角度为 15°时隧道垂直节理面区域塑性区范围明显大于平行节理面区域，垂直节理面塑性区深度约 10.8m，平行节理面区域塑性区深度约 5m。节理角度为 30°时隧道垂直节理面区域塑性区范围依然大于平行节理面区域，但平行节理面方向的塑性区占比增加，垂直节理面塑性区深度约 10.5m，平行节理面区域塑性区深度约 5.2m。节理角度为 45°时隧道垂直节理面区域塑性区范围小于平行节理面区域，隧道围岩塑性区中弯曲破坏（剪切破坏）及块体剪切滑移引起的塑性区共存，垂直节理面塑性区深度约 10.3m，平行节理面区域塑性区深度约 8.2m。节理角度为 60°时隧道垂直节理面区域塑性区范围依然小于平行节理面区域，隧道围岩因块体剪切滑移引起的塑性区大于因薄板弯曲引起的塑性区，垂直节理面塑性区深度约 9.4m，平行节理面区域塑性区深度约 10m。节理角度为 75°时隧道垂直节理面区域塑性区范围远小于平行节理面区域，垂直节理面塑性区深度约 4.4m，平行节理面区域塑性区深度约 12m。

（3）最大主应力扩展规律。45°节理倾角下隧道围岩最大主应力分布图如图 3.36 所示。

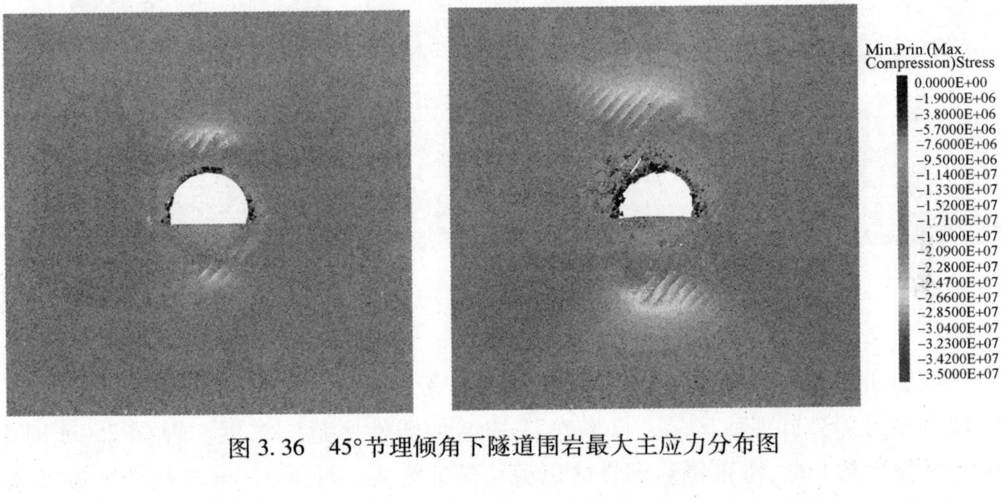

图 3.36 45°节理倾角下隧道围岩最大主应力分布图

如图 3.36 所示，原始应力在隧道开挖后产生应力场的重新布局，最大主应力分布是判断岩土工程稳定性的重要依据，是了解开挖影响范围的重要指标。最大主应力随着围岩变形向深部转移，并且范围增加，隧道变形稳定后：（1）最大主应力集中出现在隧道围岩拱顶及底板，拱顶最大主应力达 32MPa（应力集中系数 1.8），拱顶最大主应力最大值出现在距离隧道壁 11m 处，随着围岩深度的增加主应力降低，在距离隧道壁 16m 处，过渡为原岩应力状态，因此可以判断隧道开挖影响范围达 16m。

3.4.5　不同埋深条件对隧道围岩的影响

根据地勘资料中对地应力的分析，埋深为 250m 时垂直应力为 7MPa，最小水平主应力为 9MPa，最大水平主应力为 11MPa。埋深 350m 时垂直应力为 9MPa，最小水平主应力为 12MPa，最大水平主应力为 14.5MPa。埋深 500m 时，垂直地应力为 12.5MPa，最小水平应力 12.5MPa，最大水平应力 21MPa。对比优势节理在 45°倾角下，不同埋深围岩位移、塑性区及最大主应力分布特征。

如图 3.37 所示，在优势节理倾角的影响下隧道围岩变形呈非对称性，不同埋深条件下围岩变形最大位置均位于隧道左肩窝处，并随着埋深的增加，隧道周边位移逐渐增加。埋深 250m 时隧道并未出现明显破坏，隧道断面形状基本良好，最大位移量为 0.35m。埋深 330m 时，隧道左肩窝处出现离层，隧道围岩出现了弯曲破坏，最大位移量为 0.52m。埋深 500m 时，隧道出现了失稳现象，不仅出现了左肩窝处薄板弯曲破坏，也出现了隧道围岩块体滑移失稳，最大变形量为 1.1m。

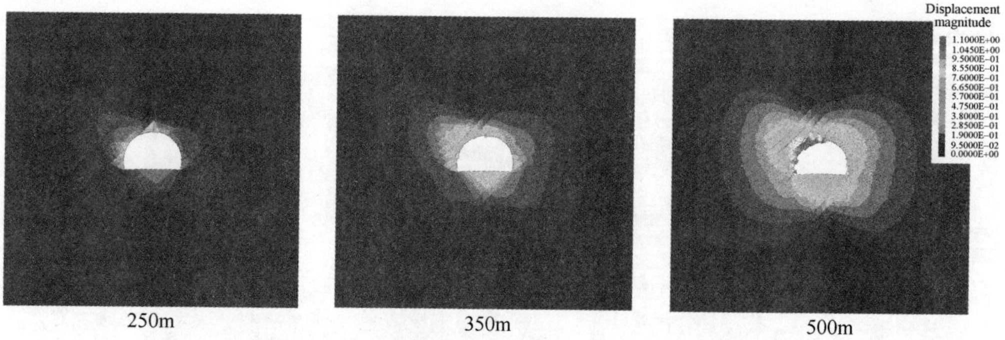

图 3.37　不同埋深条件下隧道围岩位移特征

如图 3.38 所示，塑性区分布呈现十字交叉型分布，主要为垂直优势节理面区域及平行优势节理面区域，随着埋深的增加塑性区范围扩展。埋深 250m 时，塑性区深度约 5m，深部围岩塑性区以剪切破坏为主。埋深 350m 时塑性区最大深度为 9m，破坏形式依然以剪切破坏为主。埋深 500m 时塑性区最大深度为 10m，破坏以剪切破坏为主。

如图 3.39 所示，最大剪应力随埋深增加而增加，埋深 250m 时隧道底角及隧道上下部均存在应力集中，最大主应力为 16MPa。埋深 350m 时，隧道周边最大主应力值为 19MPa。埋深 500m 时，最大主应力值为 32MPa。

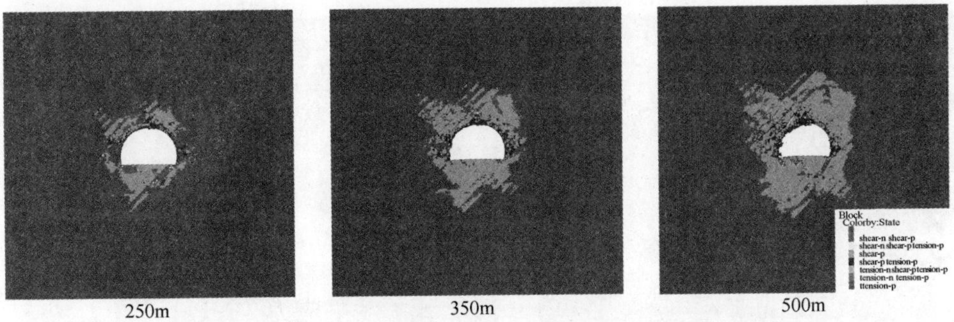

图 3.38 不同埋深围岩塑性区分布特征

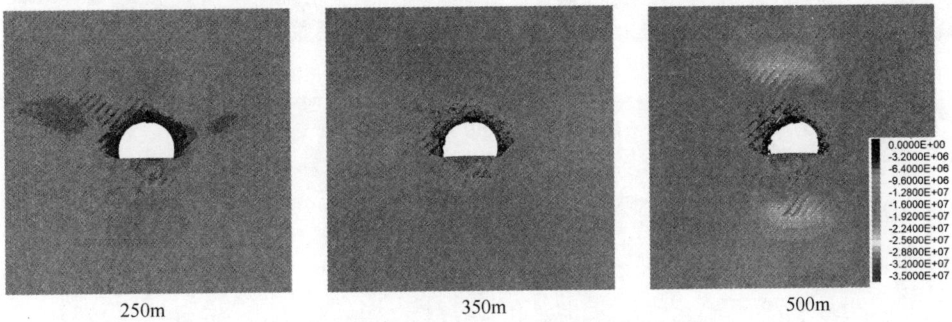

图 3.39 不同埋深下隧道围岩最大主应力分布图

3.4.6 围岩吸水软化对隧道围岩的影响

木寨岭隧道 2 号斜井在施工过程中，经常遇到裂隙水体涌出现象，在水量涌出较大区域出现了较为严重的隧道围岩变形现象。因此，有必要对水岩耦合作用下隧道围岩变形特征进行分析。地下水对围岩的影响主要表现在吸水软化、润滑以及泥化崩解等综合软化效应。根据对现场岩石强度试验可知，炭质板岩吸水后单轴强度为自然状态下的 0.4 倍。岩体吸水后，水分子似的岩石内部颗粒表面发生变化同时在水的作用下部分黏土矿物发生化学反应，水还会使得岩体中节理摩擦阻力减小，使得岩体节理抗剪强度减小，以上均为水岩耦合作用下，岩石强度降低的原因。本书依然对比分析优势节理在 45°倾角，埋深 500m 时，围岩吸水软化前后位移、塑性区及最大主应力。如图 3.40 所示，吸水后围岩变形依然呈现非对称状，左肩窝处变形量最大为 1.9m，对比吸水前 1.2m，增加 0.7m。围岩吸水软化后，隧道整体变形严重，明显出现失稳现象。同时，围岩吸水软化后塑性区也明显扩展，围岩浅部岩体依然拉伸与剪切破坏共存，深部围岩以剪切破坏为主。吸水软化后塑性区半径可达 14.5m，与吸水前相比增加 4.2m 左右。吸水后最大主应力分布规律与吸水前基本相似，但吸水软化后最大主应力值减少 4MPa 左右，并向围岩深部移动。

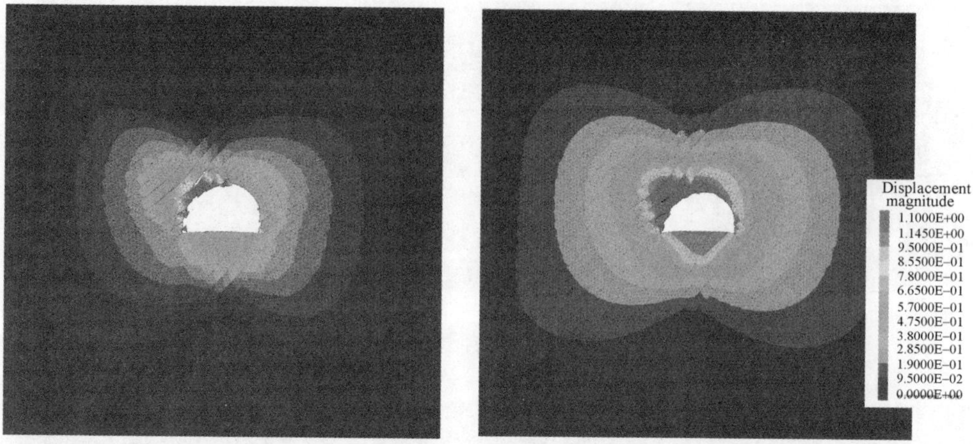

a

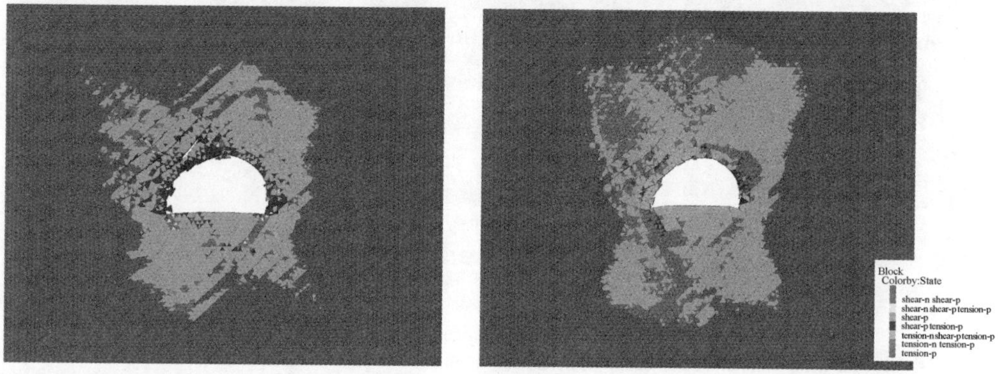

b

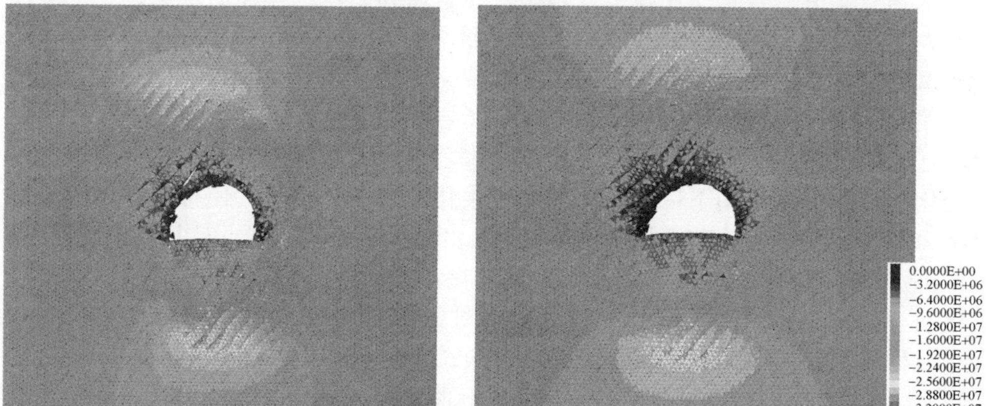

c

图 3.40　吸水软化下隧道围岩特征分析

a—吸水前后隧道围岩位移变化；b—吸水前后隧道塑性区变化；c—吸水前后隧道最大主应力场变化

4 高预紧力恒阻锚索支护机制及数值模拟分析

为了研究高预紧力恒阻锚索对深埋薄层板岩隧道的控制机理及其与围岩的相互作用关系，本章首先对高预紧力恒阻锚索力学性质进行研究，另外基于恒阻锚索的吸能性质以及高预紧力长短锚索的组合悬吊作用，论述了高预紧力恒阻锚索的支护机制，最终通过数值模拟研究了不同预紧力下的锚索与围岩的相互作用关系。

4.1 恒阻锚索特性实验研究

4.1.1 实验设备

实验采用 HWL-2000 恒阻大变形锚索拉力实验系统，该实验系统能够开展锚索拉伸实验、锚索长时间蠕变实验等，张拉系统最大拉力为 2000kN(200t) 且拉伸速率能够控制在 0~200mm/min，拉伸距离为 300~5000mm，实验装备如图 4.1 所示。本次实验目标为 30t 恒阻值的恒阻锚索试件，如图 4.2 所示。恒阻大变形锚索试件基本物理参数：长度 $L=1500$mm，锚索直径 $\phi21.8$mm，恒阻套筒长度 $L_1=440$mm，筒厚 $D=3$mm。

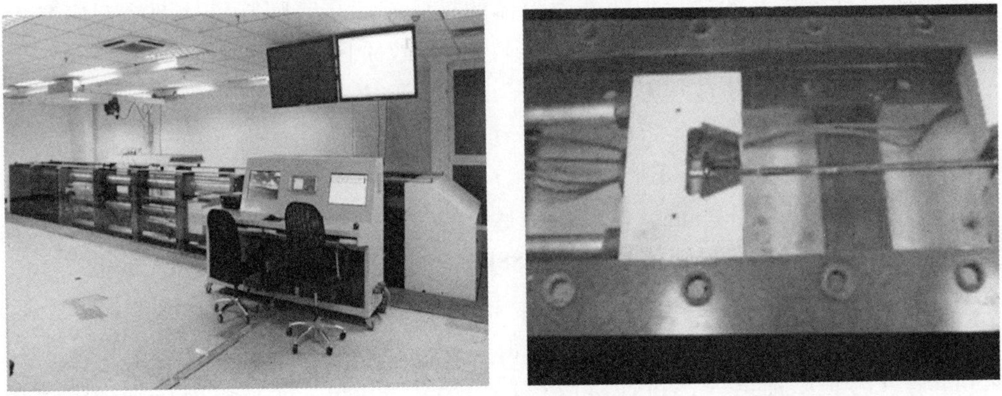

图 4.1 恒阻锚索静力学实验系统

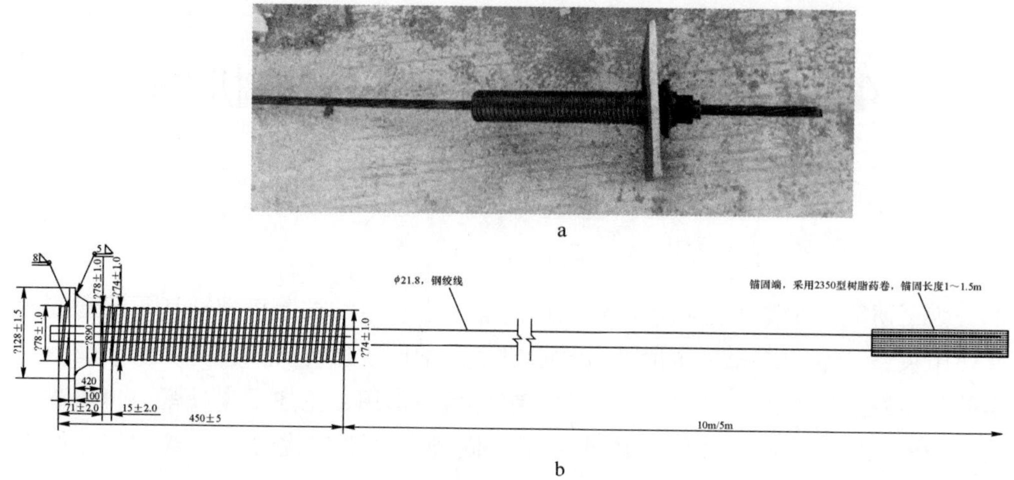

图 4.2　恒阻大变形锚索试件和锚索图纸
a—恒阻大变形锚索试件（30t）；b—恒阻大变形锚索图纸

4.1.2　实验结果分析

采用 10mm/min 的加载速率进行位移控制，从而对恒阻锚索进行静力拉伸，得到锚索恒阻值以及最大拉伸长度。实验随机选取 4 根 NPR 恒阻锚索，实验结果如图 4.3 所示。

根据实验曲线，将恒阻锚索变形过程分为三个阶段：弹性拉伸阶段，恒阻拉伸阶段，恒阻大变形锚索失效阶段。弹性拉伸阶段指的是锚索受力未达到恒阻值，恒阻锚索在受拉力影响下产生弹性变形，变形基本符合胡可定律。恒阻拉伸阶段是指锚索受力达到恒阻器许用拉应力，恒阻体在恒阻套管中产生滑移，从而产生恒阻滑动效果，此过程中随着恒阻体的挤压作用套管膨胀，从而呈现广义上的 NPR（负泊松比）效应。恒阻大变形锚索失效阶段是指恒阻体滑动距离接近套管长度，恒阻体逐渐被从套管中拉出。1 号恒阻锚索弹性拉伸阶段拉伸距离为 50.04mm，锚索拉力达到 354.8kN 时恒阻器开始运作，恒阻拉伸段为 50～350mm，恒阻值为 374～360kN，锚索有效伸长量为 350mm。2 号恒阻锚索弹性拉伸阶段拉伸距离为 50.03mm，锚索拉力达到 373.0kN 时恒阻器开始运作，恒阻拉伸段为 50～370.5mm，恒阻值为 325～388kN，锚索有效伸长量为 351mm。3 号恒阻锚索弹性拉伸阶段拉伸距离为 48mm，锚索拉力达到 350.0kN 时恒阻器开始运作，恒阻拉伸段为 48～450mm，恒阻值为 320～3378kN，锚索有效伸长量为 450mm。4 号恒阻锚索弹性拉伸阶段拉伸距离为 49mm，锚索拉力达到 367.4kN 时恒阻器开始运作，恒阻拉伸段为 49～430mm，恒阻值为 322～379kN，锚索有效伸长量为 430mm。实验用恒阻大变形锚索有效伸长量为 350～450mm，恒阻力基

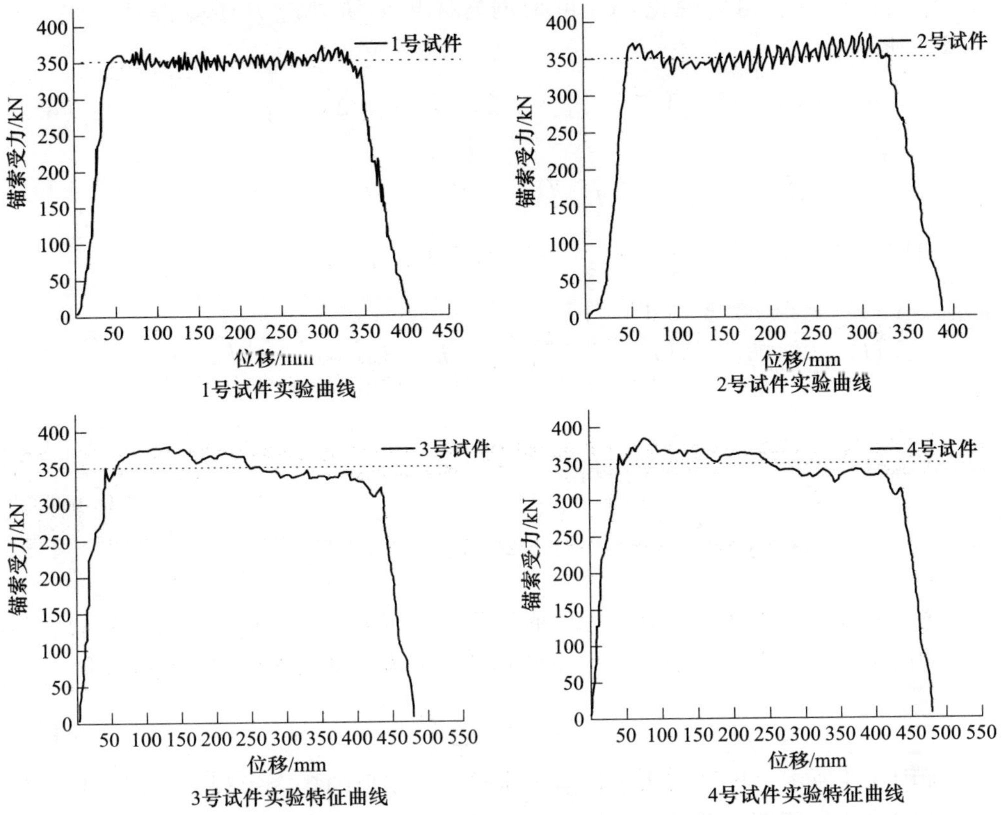

图 4.3　NPR 恒阻锚索拉伸实验曲线

本稳定在 350kN，能够保证锚索在大变形的同时有较好的恒定阻力。

4.2　高预紧力恒阻锚索支护机制分析

4.2.1　恒阻锚索对岩体所释放能量的吸收

因为开挖及其他工程扰动使得围岩产生变形，围岩变形前后存在能量的积聚及释放现象。岩石总能量包括：岩体内部耗能，例如岩石断裂、裂隙发育扩展的损耗能等；岩石单元弹性能，该能量是在应力场作用下岩石单元体所存储的可释放能量；声能、热能等耗散能量。当忽略热量释放、声能等因素时，岩体大变形所释放的总能量如式（4.1）所示[102]。

$$U = U^d + U^e \tag{4.1}$$

式中，U^d 代表岩石损伤内部耗能，这部分能量不可逆；U^e 代表岩体单元破坏前所储存的弹性能，在单元体破坏后会释放，在存在支护体的情况下，该部分能量会对支护体产生影响。

根据岩石力学相关理论，U^e 可根据岩体单元所处应力环境得到，如公式（4.2）所示。

$$U^e = 1/2\,\sigma_1\,\varepsilon_1^e + 1/2\,\sigma_2\,\varepsilon_2^e + 1/2\,\sigma_3\,\varepsilon_3^e \tag{4.2}$$

$$\varepsilon_i^e = \frac{1}{E_i}[\sigma_i - v_i(\sigma_j + \sigma_k)] \tag{4.3}$$

根据广义胡克定律及式（4.2）和式（4.3）可得：

$$U^e = \frac{1}{2}\left\{\frac{\sigma_1^2}{E_1} + \frac{\sigma_2^2}{E_2} + \frac{\sigma_3^2}{E_3} - v\left[\left(\frac{1}{E_1} + \frac{1}{E_2}\right)\sigma_1\sigma_2 + \left(\frac{1}{E_2} + \frac{1}{E_3}\right)\sigma_2\sigma_3 + \left(\frac{1}{E_1} + \frac{1}{E_3}\right)\sigma_1\sigma_3\right]\right\} \tag{4.4}$$

将弹性模量取平均参数化简得：

$$U^e = \frac{1}{2E_0}[\sigma_1^2 + \sigma_2^2 + \sigma_3^2 - 2v(\sigma_1\sigma_2 + \sigma_2\sigma_3 + \sigma_1\sigma_3)] \tag{4.5}$$

将所研究区域内所有岩石单元体能量相加得到岩体可释放变形能，在存在支护体的情况下，这部分能量向支护体释放系数为 K，得到支护体所吸收能量：

$$U_{支护体} = K\sum_1^n U_i^e \tag{4.6}$$

如图 4.4 所示，模型说明了恒阻锚索受力及变形的概念过程，根据牛顿定律曲线所包围的面积即为单根恒阻锚索吸收能量，如式（4.7）所示。

$$W = P_0X_0/2 + P_0(X - X_0) \tag{4.7}$$

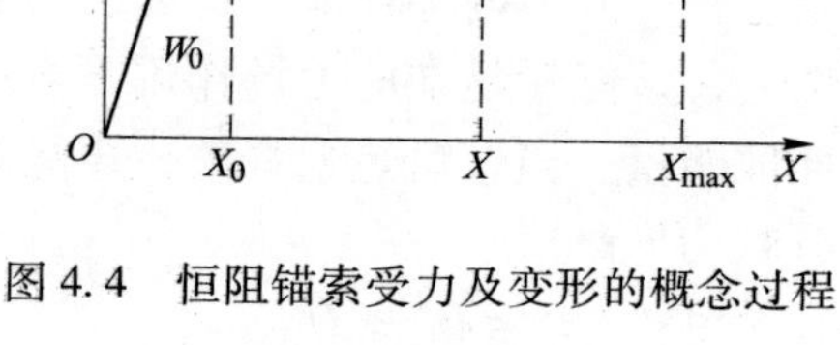

图 4.4　恒阻锚索受力及变形的概念过程

如图 4.5 所示，在支护中所支护区域所用锚索个数为 N，每根锚索位移为 X_i，结合式（4.7），可得支护区域内恒阻锚索所吸收围岩变形能为：

$$U = \sum_{1}^{N} W_i = \sum_{1}^{N} [P_0 X_0/2 + P_0(X_i - X_0)] \tag{4.8}$$

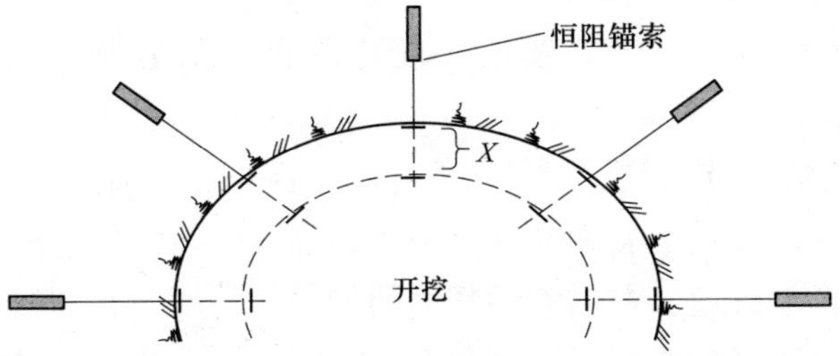

图 4.5 恒阻锚索支护示意图

在隧道开掘过程中，随着围岩应力的重新分布，隧道围岩在应力载荷的作用下发生变形。采用恒阻锚索支护后，隧道围岩初期支护包括：恒阻锚索、钢拱架、初喷混凝土等。根据弹性地基假设，本书认为钢拱架与混凝土对围岩施加的力与围岩任意一点的沉降成正比，地基反力为 $k\omega$，ω 表示围岩变形挠度。围岩所释放的能量等于钢拱架、初喷所吸收的能量与恒阻锚索所吸收能量之和。本书建立了恒阻锚索支护下的力学模型，如图 4.6 所示。

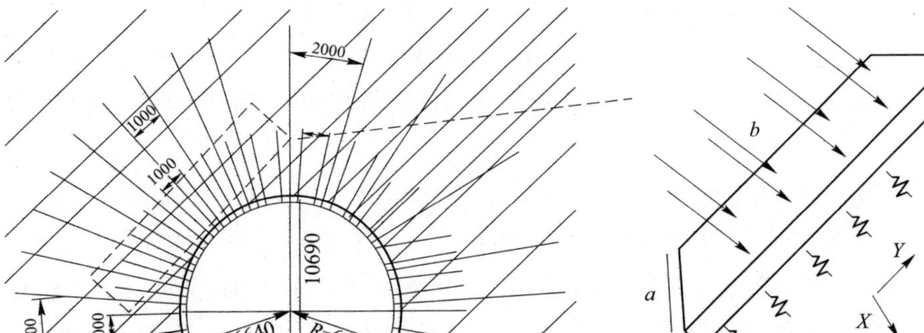

图 4.6 隧道初期支护力学模型

根据第 3 章分析，本书将研究区域内的薄板近似为四边简支结构，根据相关薄板弹性地基梁计算方法[103]，得到恒阻锚索所吸收能 U 为：

$$U = \left(\frac{4abq}{mn\pi^2} + \frac{\pi a}{b} n E_m + \frac{\pi b}{a} n F_n\right) - \left[\frac{\pi^4 abD}{4}\left(\frac{m^2}{a^2} + \frac{n^2}{b^2}\right)^2 + \frac{kab}{4}\right] \tag{4.9}$$

根据式（4.9）可知（公式中第一项为围岩破坏产生总能量，第二项为钢拱架与初喷混凝土吸收能量），增加围岩抗弯刚度 D 能够有效减少施加在锚索中的能量，从而保障围岩控制稳定性。增加薄层板岩抗弯强度有效方法为施加预紧力锚杆（索）。

4.2.2　高预紧力长短锚索相互作用下的岩体组合梁及悬吊作用

目前对于锚杆（锚索）支护理论尚处在探索之中，尚无统一认识，其中悬吊理论、组合梁理论、组合拱理论、减跨理论、围岩加固作用等应用较为广泛[104]。

悬吊理论：锚杆（锚索支护体）通过调动深部围岩应力，将软弱岩层悬吊于稳定岩层上，从而避免围岩的失稳、坍塌，锚索受力主要为所悬吊控制区域内岩体的重量。组合梁理论：在锚索预紧力的作用下，薄层状围岩组合形成较厚岩梁，从而增加了锚固区域内围岩抗弯刚度，避免离层发育。另外，在预紧力作用下岩层摩擦力增加，岩层抗剪能力增强。组合拱理论：锚索锚固端及预紧力施加端（托盘部位）将会形成圆锥形压应力，相邻锚索之间对围岩产生的压应力相互交错，形成压缩带即承压拱。承压拱承受上部围岩所施加载荷，并且承压拱内岩石处于三向受力状态，提高围岩强度。减跨理论：减跨理论认为锚索能够对开挖范围内围岩增加支点，从而减小岩层跨度，继而降低板状围岩弯曲应力及挠度。松动圈理论：工程岩体开挖后，会在周围形成塑性区，锚杆（索）产生的拉应力主要是因为松动圈区域的扩展、发育。关键承载圈理论：洞体周围存在一个能够承受较大切应力的承载圈，锚杆（索）深入承载圈内，锚杆（索）支护体将破碎区与关键承载圈连接，从而提高破碎区承载能力，阻止围岩变形、失稳。当承载圈距离岩壁过远，锚索长度达不到承载圈内时，锚索的主要作用为控制破碎岩层进一步发展。

（1）短锚索作用下的组合梁作用。本书认为面对大跨度公路隧道，应采用长短锚索进行支护。一方面锚索预紧力施加强度大于锚杆，另一方面由于锚杆属于刚性材料不便于施工。短锚索在预紧力的作用下，形成组合梁（组合梁理论），将薄板挤压形成厚板提高其抗弯刚度。长锚索按照悬吊理论所示，将短锚索形成的组合梁悬吊于稳定岩层之中，从而避免组合梁的失稳。预紧力作用下组合梁结构模型如图 4.7 所示。

组合岩梁内共有 K 个薄层岩梁在预紧力作用下形成厚板，薄层岩层之间不发生离层且变形协调一致[105]。设预紧力为 p_0，预紧力随着岩层深度会呈现衰减，设衰减系数为 f，则第 i 层关键层挠度如公式（4.10）所示。

$$y_i = \frac{(q_i - f \times p_0)\ B^4}{32\ E_i\ h_i^3} \tag{4.10}$$

式中，q_i 表示 i 层岩层上覆载荷；B 表示悬露跨度；E_i 表示第 i 层岩层弹性模量；h_i 表示 i 层岩层厚度。

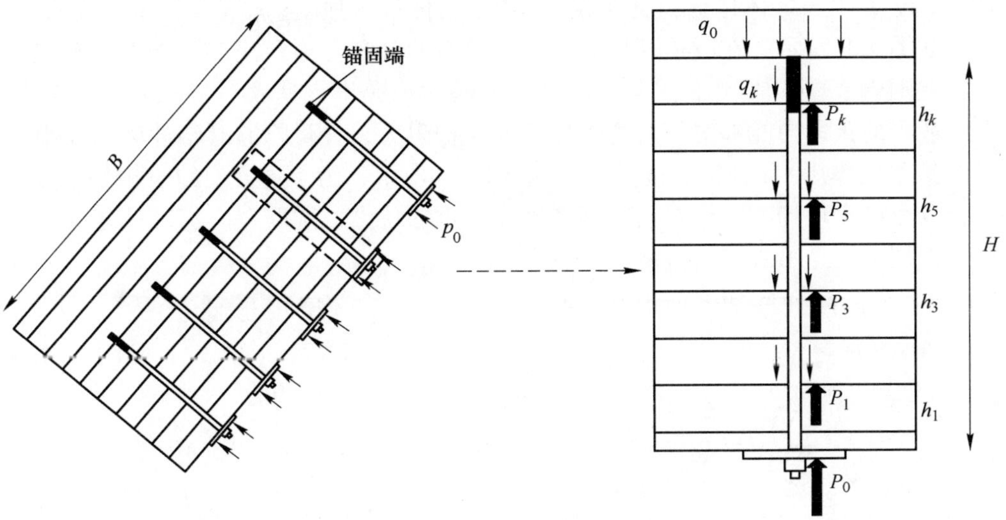

图 4.7 高预紧力作用下组合岩梁示意图

对于薄层所形成的厚板，挠度公式（4.11）为：

$$Y=\frac{(q_0-p_0)\,B^4}{32E\,H^3} \tag{4.11}$$

式中，q_0 为作用于厚板上覆载荷；p_0 为预紧力；E 为厚板弹性模量；H 为厚板厚度。

为了防止组合岩层内发生离层，预紧力应满足式（4.12）。

$$\frac{(q_i-f\times p_0)\,B^4}{32\,E_i\,h_i^3}=\frac{(q_0-p_0)\,B^4}{32E\,H^3} \tag{4.12}$$

根据众多专家研究[106,107]，中间主应力对岩石强度有增强作用。根据本书第3章所述，增加锚索预紧力能够增强围岩体的径向压力，根据结构面的摩尔库伦准则，能够有效提高含结构面围岩强度。

（2）长锚索悬吊作用。目前，岩体破坏准则中 Hoek-Brown 准则能够有效描述岩体的非线性破坏特征[108]，其公式如下：

$$\sigma_1=\sigma_3+\sigma_c\left(m_b\frac{\sigma_3}{\sigma_c}+s\right)^a \tag{4.13}$$

式中，m_b 为经验常数；m、s 以及 a 表示与岩体特征相关的常数。

式（4.13）可以转换为式（4.14）[109]：

$$\tau=A\sigma_c\left[(\sigma_n+\sigma_t)\sigma_c^{-1}\right]^B \tag{4.14}$$

式中，A、B 为与岩体特征相关参数；σ_c 表示岩体抗压强度；σ_t 表示岩体抗拉强度。

如图 4.8 所示，在隧道开挖后，应力重新的分布会导致浅部围岩进入塑性状态，在围岩节理的影响下，本书认为围岩破裂面是非对称的。在长锚索的作用下，适当的预紧力能够对围岩提供有效的支护阻力，并且能够对塑性区内及组合梁（短锚索作用）的岩体进行控制。如图 4.8 所示，为了更方便的对相关参数分析，以及结合现场实际中左肩窝区域破坏严重的特点，选取左肩窝区域建立长短锚索作用下的悬吊理论模型。

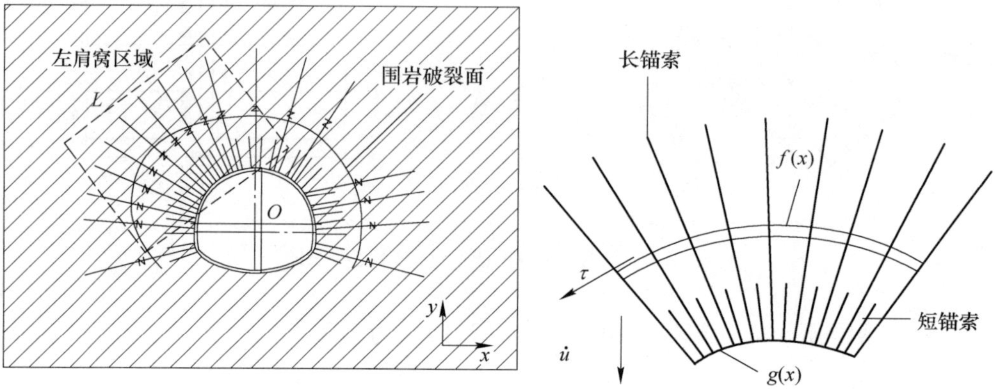

a　　b

图 4.8　长短锚索作用下围岩悬吊力学模型

a—长短锚索作用下弹塑性分布概念模型；b—左肩区域概念模型

以隧道中心点为原点，建立坐标系，假设塑性区内的岩体位移速度为 $\dot{u}$，围岩破裂面线的轨迹方程为 $f(x)$，作用在弹塑性分界线上的切应力为 τ_n、主应力为 σ_n。长锚索预紧力为 F，锚索间距为 d。隧道围岩洞壁的坐标方程为 $g(x)$，隧道半径为 r，弹塑性分界线距离洞壁距离为 h。

本书假设在破裂面以上的岩体为刚性，能量耗散仅发生在破裂面上，破裂面厚度为 w。假设围岩变形破坏符合 Hoek-Brown 强度准则。利用传统塑性位势理论，得到应变率的塑性增量，求得破裂面单位体积内的能量耗散率为[110,111]：

$$\dot{D} = \sigma_n \dot{\varepsilon}_n + \tau \dot{\gamma}_n$$

$$= \{[-\delta_t + \delta_c (AB)^{1/(1-B)}(1 - B^{-1})f'(x)^{1/(1-B)}]/[w\sqrt{1 + f'(x)^2}]\} g\dot{u} \tag{4.15}$$

假设左肩区域内的破裂面弧长为 s，对公式（4.15）求积分可得：

$$\dot{W}_D = \int_0^s \{[-\delta_t + \delta_c (AB)^{1/(1-B)}(1 - B^{-1})f'(x)^{1/(1-B)}]/$$

$$[w\sqrt{1+f'(x)^2}]\} \cdot gw\mathrm{d}s \cdot \dot{u} \tag{4.16}$$

根据虚功原理，外力做功应与内部能量耗散相等，因此：

$$\dot{W}_D = \dot{W}_\gamma + \dot{W}_F \tag{4.17}$$

式中，$\dot{W}_\gamma$ 表示破裂面以下的岩石重力所做功率；$\dot{W}_F$ 表示预紧力锚索中预应力所做功率。

$$\dot{W}_\gamma = \int_0^L \gamma[g(x) - f(x)]\mathrm{d}x \cdot \dot{u} \tag{4.18}$$

$$\dot{W}_F = -k_n F \cdot \dot{u} \tag{4.19}$$

式中，γ 表示岩体容重；k_n 为 n 个锚索作用下的弹性系数。

联立式（4.16）、式（4.17）和式（4.18）可得：

$$\int_0^s \{[-\delta_t + \delta_c (AB)^{1/(1-B)}(1-B^{-1})f'(x)^{1/(1-B)}]/[w\sqrt{1+f'(x)^2}]\} \cdot gw\mathrm{d}s \cdot \dot{u}$$

$$= \int_0^L \gamma[g(x) - f(x)]\mathrm{d}x \cdot \dot{u} - k_n F \cdot \dot{u} \tag{4.20}$$

$$F = \frac{1}{k_n}\int_0^L \gamma[g(x) - f(x)]\mathrm{d}x - \frac{1}{k_n}\int_0^s \{[-\delta_t + \delta_c (AB)^{1/(1-B)}$$

$$(1-B^{-1})f'(x)^{1/(1-B)}]/[w\sqrt{1+f'(x)^2}]\} \cdot gw\mathrm{d}s \tag{4.21}$$

4.3 高预紧力恒阻锚索与围岩相互作用关系数值分析

美国在 20 世纪 70 年代末期，采用树脂锚固剂+涨壳式锚杆+塑料垫圈的方式进行高预紧力支护，美国目前在矿山巷道支护领域锚杆预紧力控制在 100kN 左右。我国学者朱浮声、郑雨天[112,113]通过研究发现，锚杆预紧力能够有效对煤矿巷道起到控制作用。陈庆敏认为在锚杆预紧力达到一定强度时，能够有效控制锚固范围内离层的发育。张农[114]等人结合现场实践，分析了高预紧力支护控制顶板离层的机理，并提出了 M 型钢带及桁架等协同预紧力锚杆的手段。康红普[115~117]等人采用数值模拟、理论分析及现场应用的方法，研究了预应力锚杆在煤矿支护体系中的作用，并且将其应用于煤矿深部巷道及动压巷道中，取得了显著成果。

但是对于高预紧力锚索在大断面公路隧道的应用较少，本书为了反映高预紧力锚索对隧道围岩的作用效果，展开了数值模拟，数值计算模型及节理分布与本书第 3 章采用模型相同，本次模拟中不考虑地应力的影响，同时分别对 5m 锚索不同预紧力条件下应力场分布进行研究。在对 5m 高预紧力锚索研究的基础上，研究 10m 及 5m 锚索联合支护作用下的应力场分布。

如图 4.9 所示，建立数值计算模型，模型中包括围岩均布节理及优势节理，5m 锚索及其锚固端、托盘，5m 与 10m 锚索联合布置。5m 锚索采用均布环向布置；10m 锚索采用非对称方式进行布置，左肩窝处采用间距 1m 环向布置，其他部位采用 2m 间距环向布置。在数值计算中，为了更加清晰展示锚索预紧力对围岩的影响，在计算过程中不添加地应力场。

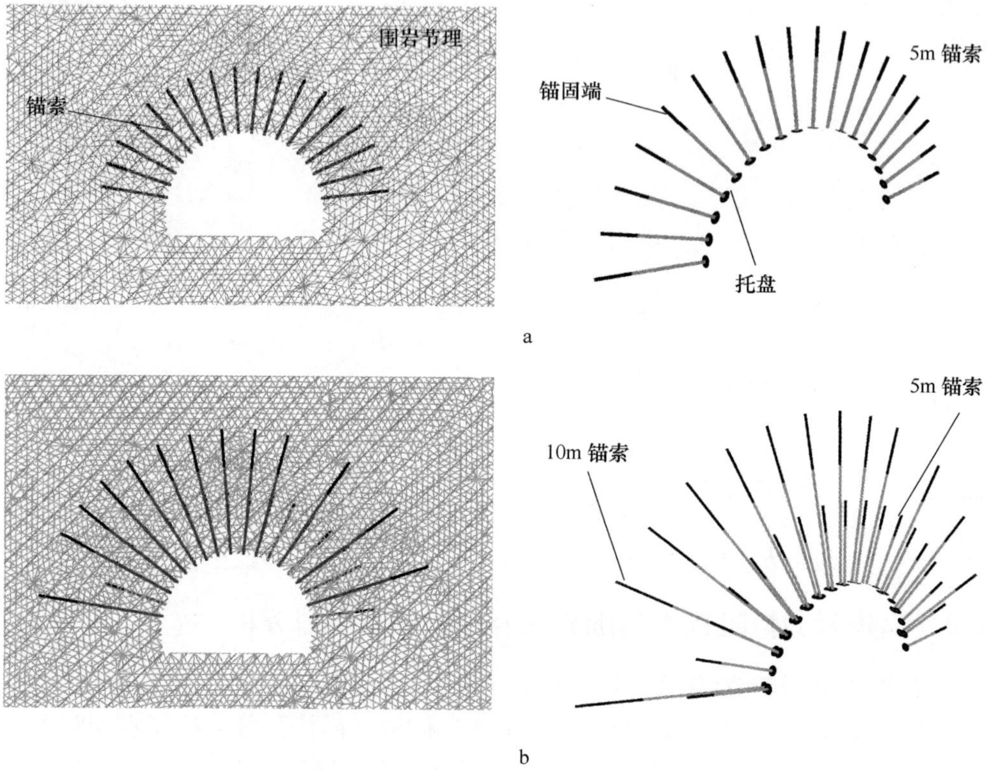

图 4.9　高预紧力锚索及隧道围岩
a—5m 高预紧力锚索及隧道围岩；b—5m+10m 高预紧力锚索及隧道围岩

如图 4.10 所示，为 5m 锚索在不同预紧力条件下应力场的分布特征。锚索预紧力为 50kN(5t) 时，如图 4.10a 所示，锚索托盘附近出现了应力集中现象，最大主应力为 0.25MPa，随着围岩深度增加最大主应力减小，至围岩深部 0.5m 时，最大主应力锐减至 0.04MPa。锚索锚固端处最大主应力为 0.04MPa，但锚索与锚索之间没有形成叠加应力场，没有形成交叉影响，对围岩加固作用较小。锚索托盘处所受拉应力为 23kN(2.3t)，锚索预应力损失为 27kN(2.7t)。

锚索预紧力为 150kN(15t) 时，围岩主应力场如图 4.10b 所示，托盘对围岩产生应力 0.38MPa，在托盘及锚固端影响下，主应力随着围岩深度增加应力先减小后增加，在围岩深度 0~1m 及 4~5m 范围形成了应力值大于 0.1MPa 的应力区。

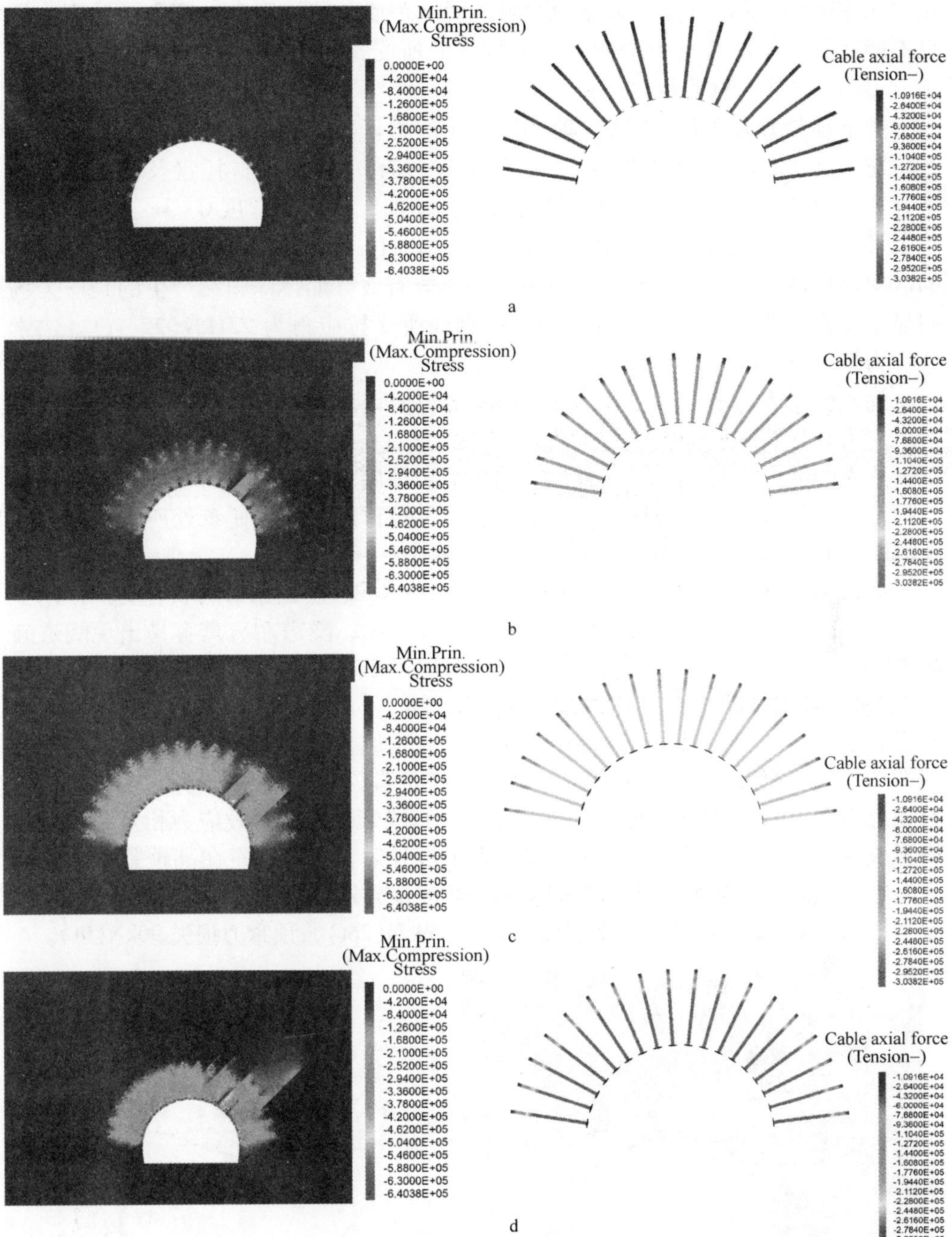

图 4.10　不同预紧力条件下 5m 锚索受力及围岩受力情况

a—5m 锚索 50kN(5t)下围岩主应力及锚索受力；b—5m 锚索 150kN(15t)下围岩主应力及锚索受力；
c—5m 锚索 250kN(25t)下围岩主应力及锚索受力；d—5m 锚索 350kN(35t)下围岩主应力及锚索受力

相对比 50kN 预紧力情况，预应力影响区明显扩展。但锚索支护产生了预应力场也不能有效全部覆盖支护范围。锚索托盘处所受拉应力为 132kN(13.2t)，锚索预应力损失为 18kN(1.8t)。

锚索预紧力为 250kN(25t) 时，围岩主应力场如图 4.10c 所示，托盘对围岩产生应力 0.42MPa，锚固端对围岩产生主应力为 0.2MPa，在托盘及锚固端影响下，主应力随着围岩深度增加应力先减小后增加，在围岩深度 0~3m 及 3.8~5m 范围形成了应力值大于 0.2MPa 的应力区。相对比 150kN 预紧力情况，预应力影响区明显扩展。但锚固端产生的应力影响不能有效叠加，锚固端产生的预应力场明显小于托盘产生的预应力场。锚索托盘处所受拉应力为 221kN(22.1t)，锚索预应力损失为 29kN(2.9t)。

锚索预紧力为 350kN(35t) 时，围岩主应力场如图 4.10d 所示，托盘对围岩产生应力 0.64MPa，锚固端对围岩产生主应力为 0.25MPa，在托盘及锚固端影响下，锚索能够产生有效的相互叠加。高预紧力作用下产生的应力场能够有效覆盖支护范围内顶板，能够对顶板主动加固起到关键作用。锚索托盘处所受拉应力为 300kN(30t)，锚索预应力损失为 50kN(5t)。

如图 4.11 所示，为 5m 与 10m 锚索在 350kN(35t) 预紧力的联合支护作用下预应力扩散效果及锚索受力情况。根据第 3 章指出，隧道左肩窝容易出现隧道破坏现象，因此 5m 锚索采用均布布置（环向间距 1m），10m 锚索采用非对称布置（左肩窝处环向间距 1m，其他部位环向间距 2m）。由于长短锚索的组合作用，显著提高了支护区域内应力值，隧道临空面最大主应力值达 0.74MPa，10m 锚索锚固端产生的应力影响为 0.19MPa，5m 锚索锚固端产生的应力影响为 0.4MPa。有效预应力在 10m 范围内都得到有效扩散，长短锚索产生的有效应力相互叠加，最终形成扇形预应力扩展区域，10m 锚索为扇形骨架。长短锚索在高预紧力的作用下能够对围岩产生较好的主动控制效果。10m 锚索端部拉力为 332kN(33.2t)，预紧力损失 28kN(2.8t)。5m 锚索端部拉力为 260kN(26t)，预紧力损失 90kN(9t)。

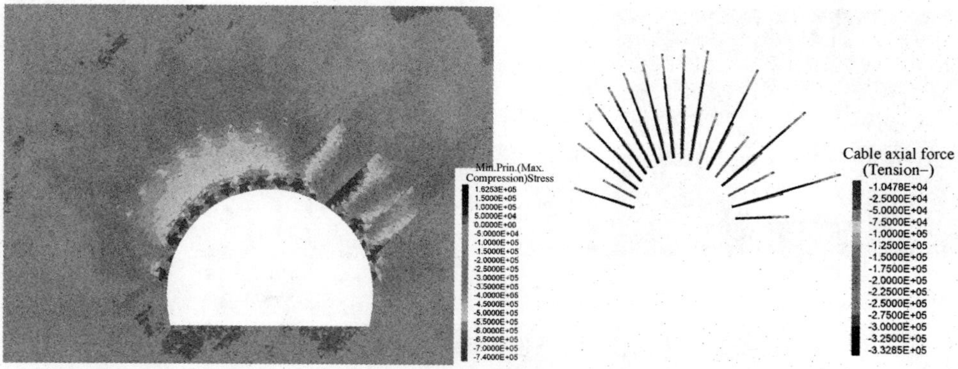

图 4.11　350kN 预紧力作用下长短锚索联合支护

5 高预紧力恒阻锚索支护控制方案及其实验分析

本章依据本书前期研究，同时根据木寨岭隧道2号斜井非对称变形的特点，提出了高预紧力恒阻锚索的布置方式及支护参数。采用物理模型的方法，结合所研制的小型化恒阻锚索，对不同埋深情况下的隧道进行模拟，对实验结果进行了详细分析，对比分析了恒阻锚索的控制作用。建立了高预紧力恒阻锚索支护控制数值计算模型，从位移场、应力场以及塑性区等方面，分析了高预紧力恒阻锚索的控制效果。

5.1 支护方案

地下工程出现大变形及支护失稳并非单一原因，往往是多种因素的耦合叠加即复合变形机制[118]。进行围岩支护必须首先正确认识隧道变形力学机制，根据相关研究，目前软岩变形力学机制分为三个大类[119~122]：物化膨胀型，应力扩容型，结构变形型。在三大类的基础上又细分为21小类：分子吸水膨胀机制、分子吸水膨胀+胶体膨胀、胶体膨胀机制、微裂隙膨胀机制、构造应力机制、重力机制、水力机制、工程偏应力机制、断层走向型、断层斜交型、断层倾向型、弱层走向型、弱层斜交型、弱层倾向型、层理走向型、层理斜交型、层理倾向型、节理走向型、节理斜交型、节理倾向型、随机节理型。木寨岭隧道2号斜井根据其地质资料及破坏机理分析，其变形力学机制为构造应力机制+重力机制+工程偏应力机制+节理斜交型+随机节理型的复合变形机制。采用高预紧力NPR锚索+锚网+W钢带+钢拱架+喷浆的初支体系能够有效控制其构造应力机制、重力机制及节理机制引起的隧道变形。采用非对称的支护方法[123~129]能够有效控制工程偏应力机制+节理斜交型变形机制。隧道围岩变形时一个渐进的过程，是从某一或某几个关键部位开始的，进而导致整体失稳破坏，非对称支护的意义在于能够有效控制隧道围岩关键部位变形。

如图5.1所示，木寨岭隧道采用三台阶法施工，上台阶高度300cm，中间台阶300cm，下台阶461cm。

根据三台阶施工工序，采用分台阶的支护方法进行支护方案设计，支护材料见表5.1。(1) NPR恒阻大变形锚索：采用HZS35-300-0.5型恒阻大变形锚索，

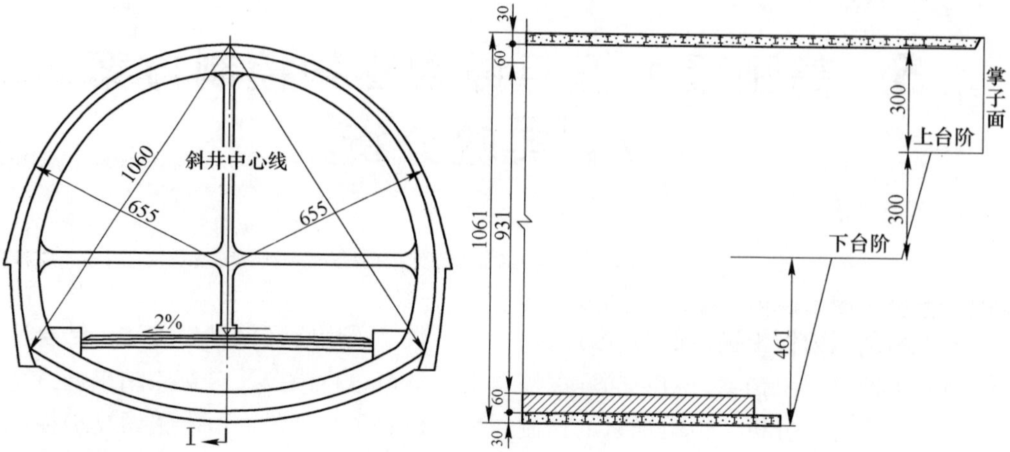

图 5.1　三台阶法施工

钢绞线直径 21.8mm，长度 10300mm 和 5300mm，强度等级 1860MPa，钻孔直径 32mm，恒阻器扩孔直径 90mm，恒阻器扩孔深度 500mm，10300mm 锚索（深入围岩有效长度为 10000mm）间排距 2000mm×1200mm 及 1000mm×1200mm，拱顶 5300mm 锚索间排距 1000mm×1200mm，平行布置。锚索采用树脂药卷端头锚固，每根锚索采用 3 卷 Z2350 树脂锚固剂。（2）W 型钢带：采用宽度 280mm，厚度 2.8mm，材质 Q235。（3）高强柔性网：型号 JD PET 120×120MS，网眼尺寸 100mm×100mm。（4）托盘：恒阻大变形锚索托盘尺寸为长×宽×厚 = 300mm×300mm×16mm，中心孔直径为 105mm。

表 5.1　木寨岭隧道 2 号斜井大变形恒阻耦合支护设计参数表

支护材料	型　号	布置方式	直径/mm	长度/mm	间排距/mm×mm
锚索	HZS35-300-0.5 型恒阻大变形锚索	平行布置	21.8	10300 和 5300	10300 长锚索：2000×1200 或 1000×1200
					5300 长锚索：1000×1200
W 型钢带	材质	厚度/mm	宽度/mm	孔径/mm	长度/mm
	Q235	2.8	280	100	3000
柔性网	型　号		网眼尺寸/mm×mm		
	JD PET 120×120MS		100×100		
托盘	用途	材质		尺寸/mm × mm × mm	
	锚索	钢板		300×300×16	

具体支护方案如下：（1）5300mm 恒阻锚索：采用长度为 5300mm 恒阻大变

形锚索，预紧力不小于350kN，间排距为1000mm×1200mm。（2）10300mm恒阻锚索：采用长度为10300mm NPR恒阻大变形锚索，预紧力不小于350kN，间排距为2000mm×1200mm。（3）恒阻锚索增强支护：隧道左上角增设恒阻锚索，预紧力不小于350kN，间排距调整为1000mm×1200m。（4）高强柔性网：型号JD PET 120×120MS，网眼尺寸100mm×100mm。（5）开挖步距为1.2m，在1.2m范围布置一排5.3m锚索及一排10.3m锚索。恒阻锚索及锚杆角度尽量不允许与节理面平行，根据不同节理产状调整锚索角度。5300mm锚索与锚索采用W型钢带，每三个锚索串联；中心线左侧10300mm锚索与锚索采用W型钢带，每三个锚索串联；右边10300mm锚索每两个锚索串联。W型钢带布置与隧道掘进方向垂直。钢拱架施工要在恒阻锚索支护施工完毕后紧跟着进行架设，钢拱架间距为60cm。如图5.2~图5.5所示，分别为上中下台阶支护图纸以及隧道支护平面展开图。

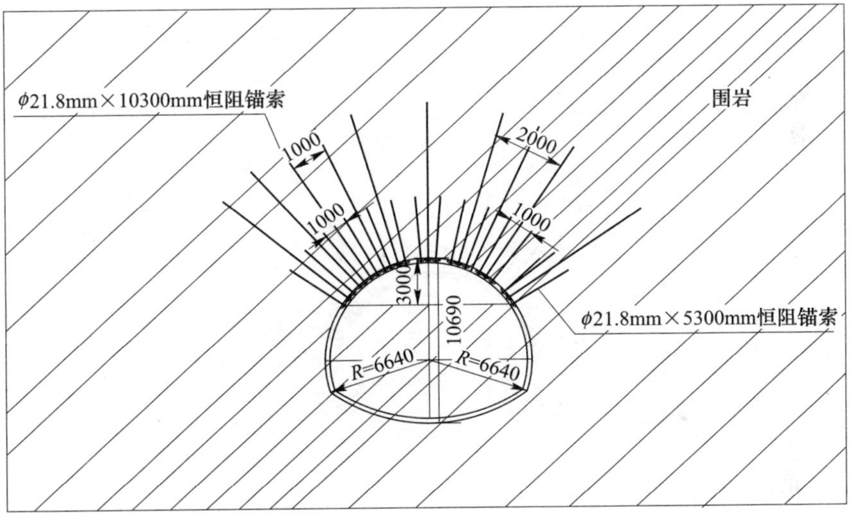

图5.2 上台阶支护设计断面图

木寨岭特长隧道2号斜井大变形耦合支护设计方案施工过程如下，三台阶法施工工序：上台阶开挖—高预紧力恒阻锚索支护—原设计支护措施—中间台阶开挖—高预紧力恒阻锚索支护—原设计支护措施—下台阶开挖—高预紧力恒阻锚索支护—原支护措施，围岩变形稳定后，再进行二衬施作，如图5.6所示。采用高预紧力恒阻锚索后，取消了原支护中的超前管棚支护、环向注浆小导管支护，并将钢拱架间距由0.5m增加至0.6m。现场施工照片如图5.7和图5.8所示，预紧力为40MPa（35t），锚索内部涂抹黄油并且表面封装防腐套管。

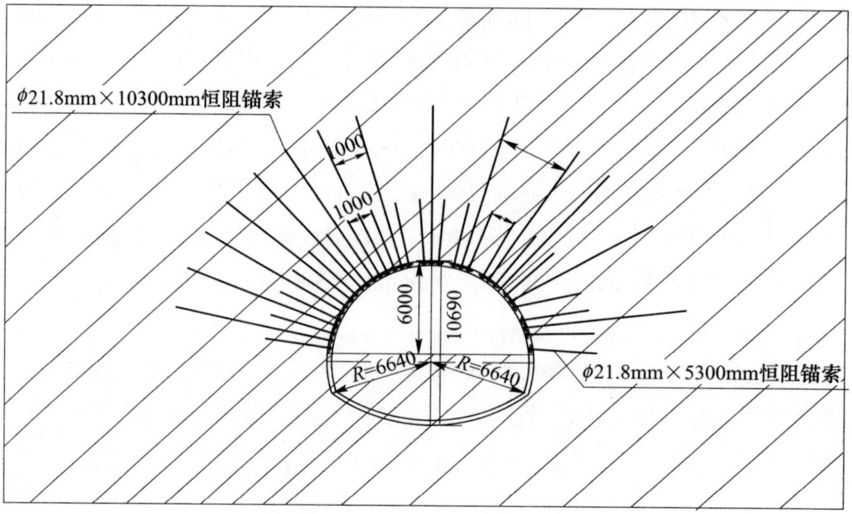

图 5.3　中台阶支护设计断面图

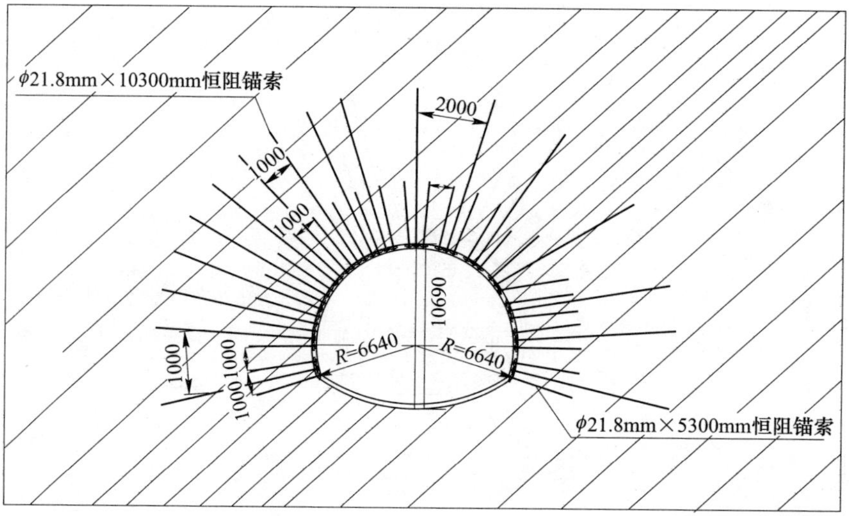

图 5.4　下台阶支护设计断面图

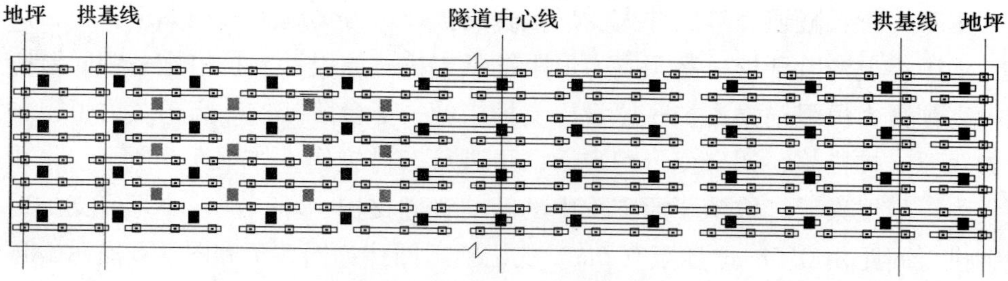

图 5.5　隧道支护平面展开图

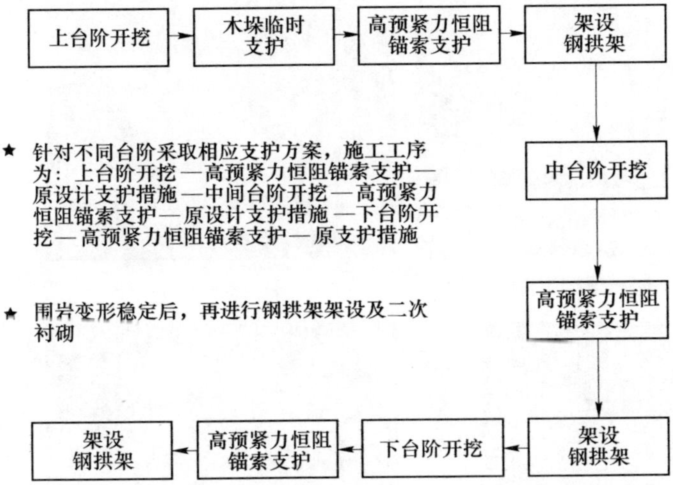

图5.6 隧道支护施工流程图

图5.7 现场施工图

步骤1：锚索打孔

步骤2：安装锚索

防腐锚索

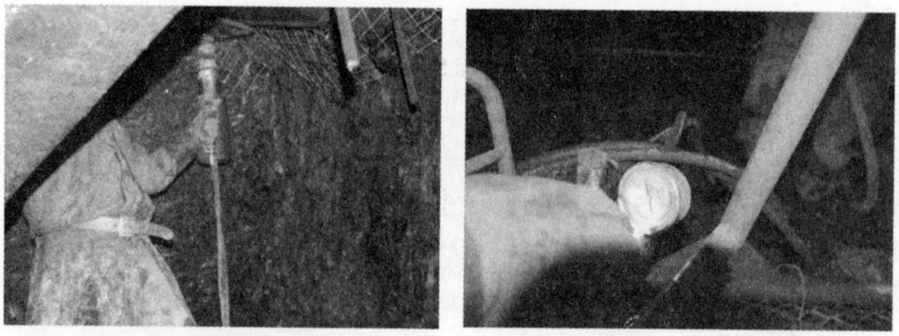

步骤3：预紧力张拉　　张拉机控制台

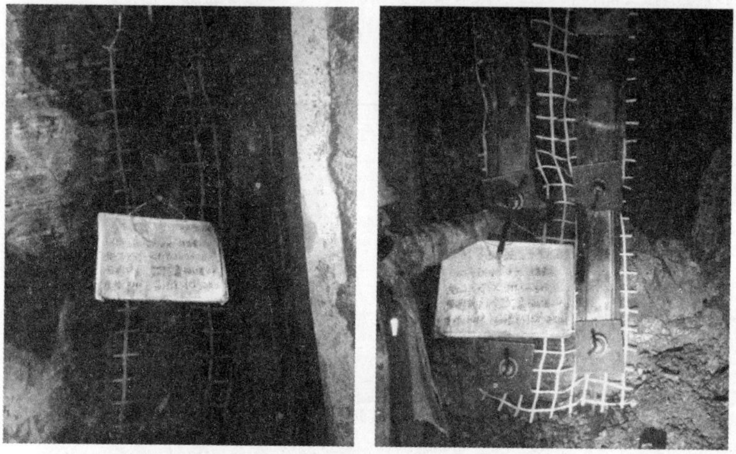

锚索安装效果

图 5.8　高预紧力恒阻锚索安装流程

5.2　锚索支护控制模型实验研究

5.2.1　相似理论及相似材料

物理模型实验是一种将工程问题简化然后按一定相似比例缩小的实验方法，通过物理模型实验能够获得工程现场中无法获取的相关数据，从而反馈设计。采用几何相似理论以及应力相似条件获得模型受力后的变形及应力分布特征，从而反馈至实际岩土工程中。物理模型实验在非连续性数值模拟方法尚未完全成熟可靠的现阶段，具有重要作用，是了解岩土工程相关力学特征的重要手段。在物理模型实验过程中需要严格的遵循模型的几何相似、物理相似以及材料相似。

几何相似是以相似比为判断指标，工程对象及模型实验在各部位的几何长度应该成固定比例关系，满足这个条件则认为两者具有几何相似的性质。例如，所模拟的隧道高度 H、宽度 L 及实验室内相似模型开挖隧道其高度 h、宽度 l，则应该满足以下公式[130~132]：

$$\frac{h}{H} = \frac{l}{L} = C \tag{5.1}$$

除了满足上述几何相似条件以外，还应该满足应力相似、应变相似、泊松比相似、弹性模量相似、黏聚力相似以及内摩擦角相似等。

$$\begin{cases} C_l = \dfrac{L_P}{L_m};\ C_\sigma = \dfrac{\sigma_P}{\sigma_m};\ C_\varepsilon = \dfrac{\varepsilon_P}{\varepsilon_m};\ C_\mu = \dfrac{\mu_P}{\mu_m} \\ C_E = \dfrac{E_P}{E_m};\ C_\gamma = \dfrac{\gamma_P}{\gamma_m};\ C_c = \dfrac{c_P}{c_m};\ C_\varphi = \dfrac{\varphi_P}{\varphi_m} \end{cases} \tag{5.2}$$

本书研究问题涉及工程岩体的破坏，因此还应该考虑相似材料与岩石材料的强度相似，这种相似表现为强度曲线相似，很难满足完全相似。

$$\left[\frac{\sigma_c}{\sigma_t}\right]_p = \left[\frac{\sigma_c}{\sigma_t}\right]_m \tag{5.3}$$

基于前期课题研究的基础上，实验材料选择石英砂、重晶石粉、石膏粉、滑石粉以及水进行相似材料配比。

根据第 2 章岩石力学实验表明，炭质板岩自然状态下单轴强度约为 29.5MPa，选取强度相似比为 15，因此相似材料单轴强度应该在 1.9MPa 左右。通过对不同配比下的相似材料试验分析，如图 5.9 所示，最终采用每 1kg 相似材料中选取重晶石粉 0.600kg、石英砂 0.150kg、石膏粉 0.110kg、滑石粉 0.010kg 和水 0.130kg。如图 5.10 所示，为上述材料配比下的石膏试件单轴抗压强度，经过试验表明该配比能够满足强度相似比。

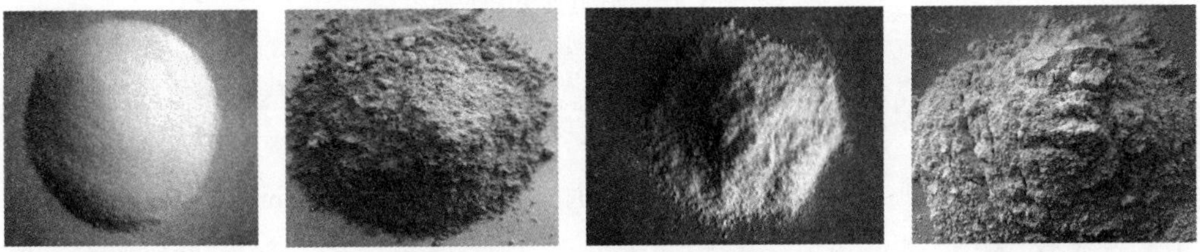
石英砂　　重晶石粉　　石膏粉　　滑石粉

图 5.9 模型实验材料

恒阻大变形锚索采用 3D 打印技术进行等比例缩小，缩小比例为 1 : 50，缩小后的恒阻锚索套管长度 60mm、套管外径 10mm、套管内径 8mm、锥形体小端直径 5mm、锥形体大端直径 8.2mm、锥形体高度 10mm，参数见表 5.2，模型实物及各部位组成如图 5.11 所示。

表 5.2 锚索力学参数及尺寸

锚索类型	套管长度 /mm	套管外径 /mm	套管内径 /mm	锥体小端直径 /mm	锥体大端直径 /mm	锥体高度 /mm
模型	60	10	8.0	5	8.2	10

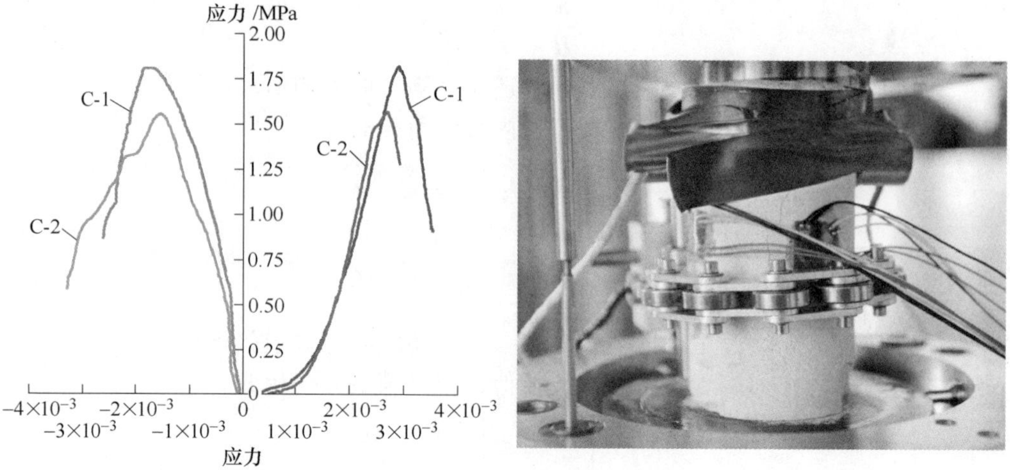

图 5.10　相似材料的单轴抗压强度实验

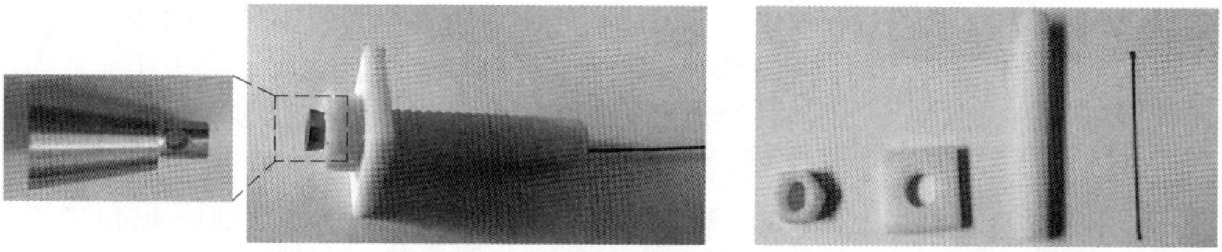

图 5.11　恒阻锚索模型

为了更好的探究该恒阻锚索模型能否满足实验要求，采用如图 5.12a 所示的拉伸装置进行静力拉伸实验。该拉伸装备最大拉伸力 500N，最大测试量程 250mm。实验采用恒定加载速率进行拉伸加载，加载速率为 1mm/min。选取 5 根恒阻锚索模型进行加载实验，实验结果如图 5.12 所示。第一根拉伸实验中，恒阻锚索小模型的拉伸及受力变形曲线与恒阻锚索实际拉伸曲线十分吻合，表现出了较好的恒阻特性，该锚索在 0~9mm 内处于弹性变形阶段，弹性变形阶段位移与锚索受力基本符合胡克定律，当拉伸力在 60N 左右时锚索展现出了恒阻特征，在恒阻阶段锚索受力在 60~70N 之间波动，恒阻拉伸长度为 51mm，该锚索能够较好满足实验要求。第二根拉伸实验中，恒阻锚索模型在 0~10mm 范围内弹性变形，基本符合胡克定律，拉力在 65N 时进入恒阻阶段，恒阻力维持在 63~71N，恒阻变形长度为 53mm。第三根锚索弹性变形范围为 0~6mm，当锚索拉力达到 53N 时，锚索模型开始进入恒阻阶段，恒阻力范围为 53~66N，恒阻变形阶段长度为 54mm。第四根恒阻锚索模型在拉伸 0~9mm 范围内属于弹性变形，拉力超过 70N 时进入恒阻阶段，恒阻变形长度为 55mm。第五根锚索在 0~9mm 范围内产生弹性变形，拉力 67N 时达到恒阻值，恒阻力在 60~70N 之间，恒阻变形长度为 54mm。

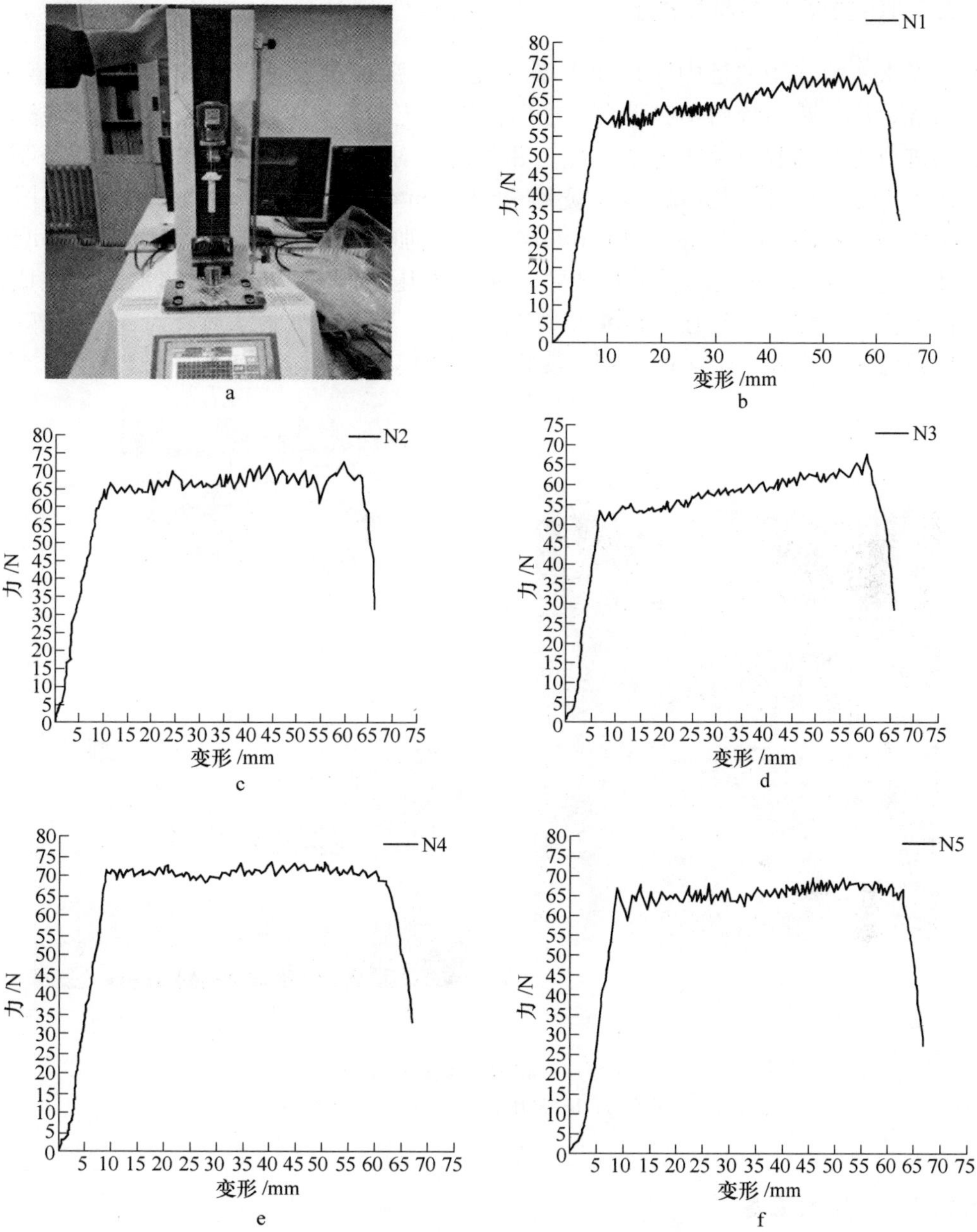

图 5.12 恒阻锚索模型拉伸装置及实验结果

a—拉伸加载装置；b—1 号恒阻锚索模型；c—2 号恒阻锚索模型；
d—3 号恒阻锚索模型；e—4 号恒阻锚索模型；f—3 号恒阻锚索模型

5.2.2　实验及监测装备

5.2.2.1　模型实验加载设备

本次实验选用的是中国矿业大学（北京）深部国家重点实验室物理模型实验系统，该实验系统由实验平台、液压控制系统以及液压加载系统组成，能够对模型进行连续加载以及非连续加载，并且能够对水平加载及垂直加载分别控制。如图 5.13 所示，模型实验台长×宽×高＝331cm×97cm×301cm，相似模型尺寸最大可以为长×宽×高＝160cm×40cm×160cm。施加最大载荷为 5MPa，稳压时间最长能进行 48h。对实验模型的加压主要依靠液压控制系统调节下的加载器完成，该模型实验加载器（液压加压头）总共 24 个，液压调节系统通过对 4 台旋转油缸以及液压稳压器、油泵的控制，实现对相似模型的稳定性加压。

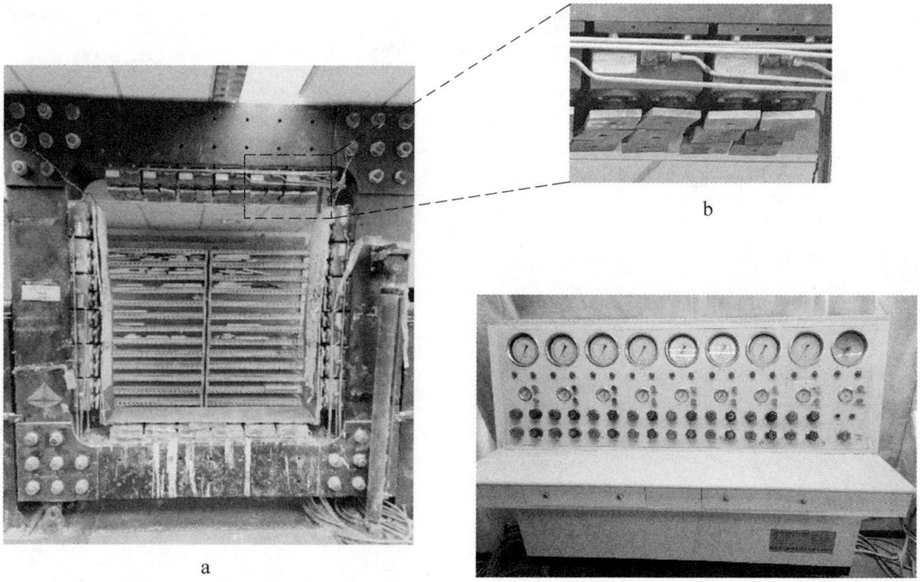

a　b　c

图 5.13　相似模拟实验设备

a—实验平台；b—液压加压头；c—加压操控平台

5.2.2.2　监测装备

为了更好地了解模型实验中变形及受力情况，如图 5.14 所示，本次实验选用了数字散斑测试技术以及 BM 微型土压力传感器。

（1）数字散斑位移分析系统。数字散斑测量及分析系统是一种非接触的变形及位移测试系统，非接触实验数据采集能够最大程度减少人为因素对实验影响。数字散斑基础是一种数字图像处理方法，简称为 DIC（Digital Image Correlation），基本原理是通过算法进行散斑场前后比较，从而获得变形场[133~136]。如图 5.15 所示，坐标点（x，y）在外力作用下，经过时间 t 到达坐标（x^*，y^*），Δx、Δy 分别为 P 点以及 Q 点之间，在 x 轴方向及 y 轴方向距离。散斑位移分析系统主要由光源、高速摄像机以及处理软件组成。本次采用的为 MatchID-2D 全场应变测量设备。

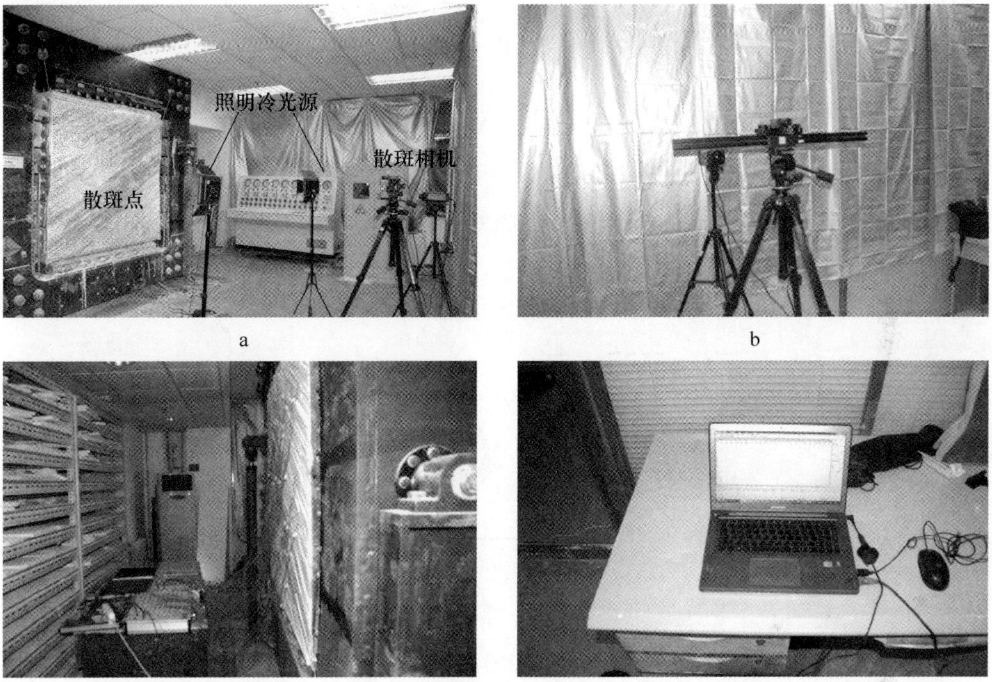

a b c d

图 5.14 监测设备

a—监测设备布局；b—高速相机（散斑图像获取）；c—压力采集；d—数据接收终端

（2）土压力传感器。实验采用 BW 型土压力传感器，该传感器直径为 11mm，测试量程范围 0.01~20MPa，采用 350Ω 全桥方式，具有优异防水性能并且可以在温度-35~+80℃内进行工作。该传感器换算方法如式（5.4）所示。

$$100\text{kPa} = 0.1\text{MPa} = 1\text{kg/cm}^2 \quad 1mv = 1000\mu\varepsilon \tag{5.4}$$

传感器光滑面为测试感应面，即受力面，在传感器布置的时候需要将受力面与需要测试的方向垂直，本次实验采用该传感器进行环向切应力测试，因此传感器布置方式如图 5.16 所示。

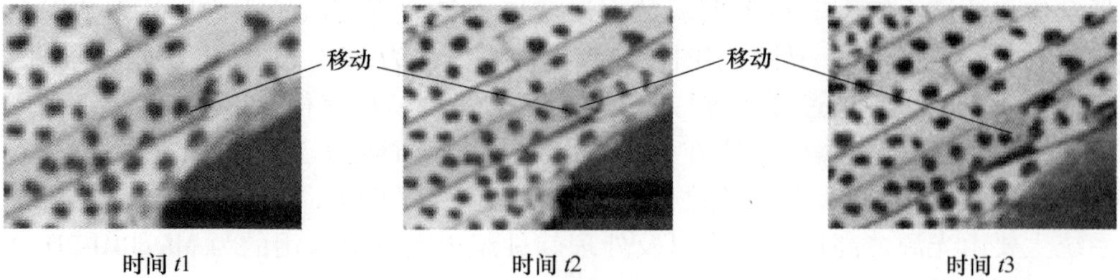

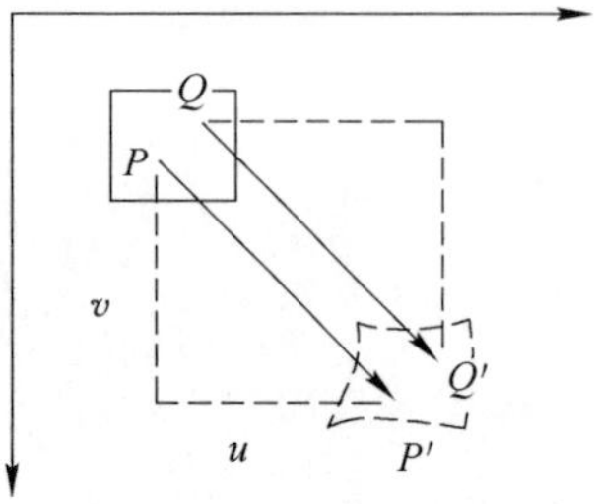

$$x^{*}=x+u+\frac{\partial u}{\partial x}\times\Delta x+\frac{\partial u}{\partial y}\times\Delta y$$

$$y^{*}=y+v+\frac{\partial u}{\partial x}\times\Delta x+\frac{\partial u}{\partial y}\times\Delta y$$

图 5.15　散斑计算原理

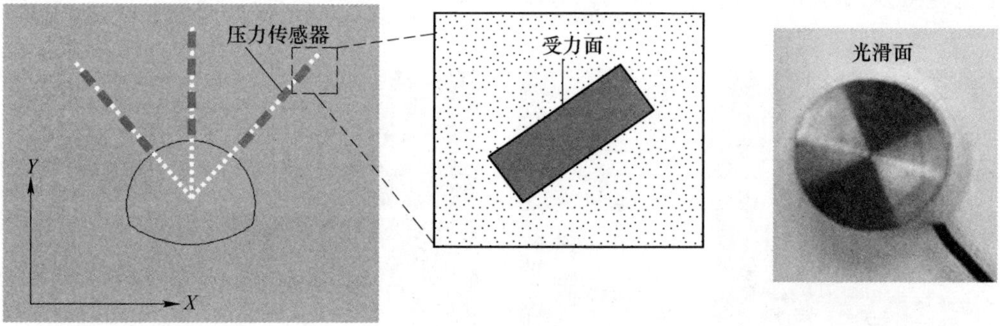

图 5.16　传感器布置方式

5.2.3　实验方案

（1）物理模型。为了研究木寨岭隧道 2 号斜井深埋板岩隧道变形破坏结构效应以及恒阻锚索控制效果，考虑铺设难易情况，选取 30°倾角的岩层结构，展开了不同埋深条件下的隧道破坏相似模型分析，同时对比含恒阻锚索支护与不含支护条件下隧道变形及应力分析。

隧道断面最宽处为 13m，隧道高度为 10.75m，实验加载设备尺寸为：长 × 宽 × 高 = 1.6m×1.6m×0.4m。一方面为了节约实验成本，另一方面更加形象对比有无锚索支护下隧道变形特征，在同一模型实验中布置两条隧道，选取几何相似常数为 50，模型中隧道宽度 260mm，两隧道中心点间距 660mm。长度为 10m 的锚索，在本模型实验中为 200mm。长度为 5m 的锚索，在本模型实验中为 100mm。如图 5.17 所示，左侧隧道无锚索支护，右侧布置的隧道采用锚索支护，在模型铺设过程锚索预设进相似模型中，锚索采用 5.2.1 节所示的恒阻锚索模型。加压方式采用垂直加压及两侧加压，垂直加压模拟隧道所受垂直应力，垂直应力与隧道埋深有关，水平加载模拟水平最大主应力。

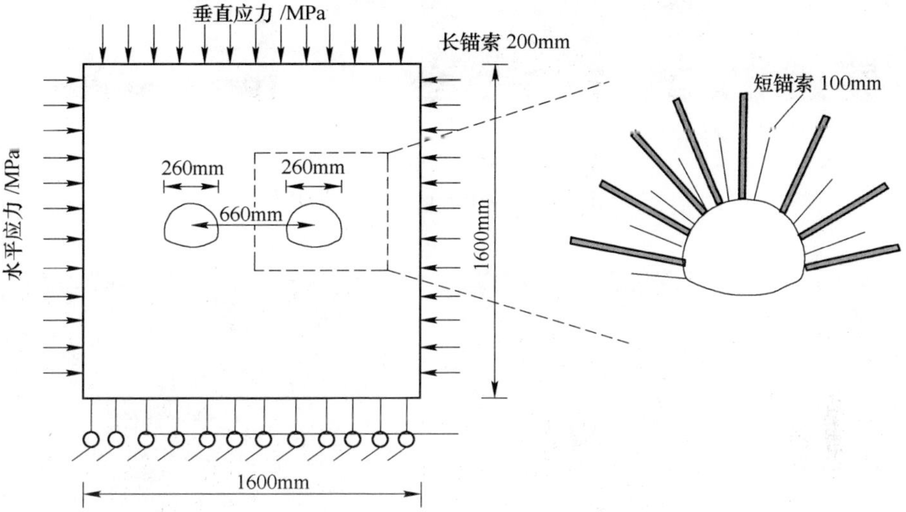

图 5.17 相似模拟方案示意图

采用 5.2.1 节中所研究的材料配比进行模型铺设，模型采用有限单元板进行叠加，有限单元板能够有效展示优势节理的特征，同时又考虑了岩石本身的强度。有限单元板制作包括材料称量、物料与水的混合搅拌、磨具润滑、浇筑、风干。有限单元板制作完成后进行模型搭建，在搭建过程中要充分考虑节理倾角，如图 5.18 和图 5.19 所示。

a

图 5. 18　相似模型制作过程

a—有限单元板制作；b—模型铺设过程

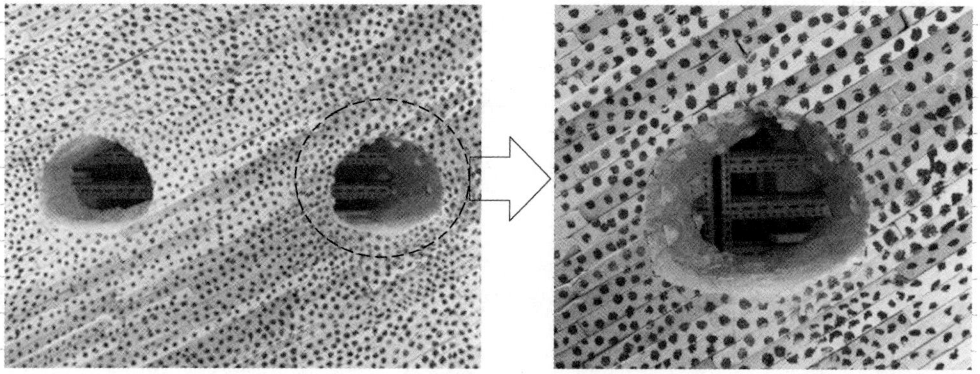

图 5. 19　相似模拟隧道锚索布置

（2）应力加载方案。通过对地勘资料分析，得到埋深 250m 时垂直应力为 7MPa，最大水平主应力为 11MPa。埋深 350m 时垂直应力为 9MPa，最大水平主应力为 14. 5MPa。埋深 500m 时，垂直地应力为 12. 5MPa，最大水平应力 21MPa。选取的岩石强度相似比为 15，因此本书选择应力相似比也为 15，见表 5. 3。相似材料模型模拟深度 250m 加载时，垂直应力选择为 0. 47MPa，选择水平应力 0. 74MPa。在模拟深度为 350m 时，垂直应力选择为 0. 47MPa，选择水平应力 0. 74MPa。模拟深度 500m 加载时，垂直应力选择为 0. 83MPa，选择水平应力 1. 4MPa。

如图 5. 20 所示，模型实验采用梯度加压的方式，每梯度加压 0. 2MPa，首先加载到阶段 *A*，即埋深 250m 情况下地应力，此阶段水平应力需要加载 4 个梯度，垂直应力需要加载 2 个梯度，水平应力达到 0. 8MPa，垂直应力达到 0. 4MPa 时进行稳压，稳压时间 6 个小时。继续进行加压，水平应力加载一个梯度，垂直应力加载一个梯度，达到350m时应力水平，该阶段为阶段B，稳压时间为6个小时。继续按照每梯度0.2MPa进行加压，水平应力加载两个梯度，垂直应力加载一个梯度，水平应力达1.4MPa，垂直应力0.8MPa时，进行稳压加载，加载时间为6个小时，该过程为阶段C，模拟埋深500m时应力水平。

表5.3 相似模拟应力加载

埋深	250m		350m		500m	
地勘	垂直应力/MPa	最大水平应力/MPa	垂直应力/MPa	最大水平应力/MPa	垂直应力/MPa	最大水平应力/MPa
	7	11	9	14.5	12.5	21
相似比	15∶1	15∶1	15∶1	15∶1	15∶1	15∶1
模型	0.47MPa	0.74MPa	0.6MPa	0.96MPa	0.83MPa	1.4MPa

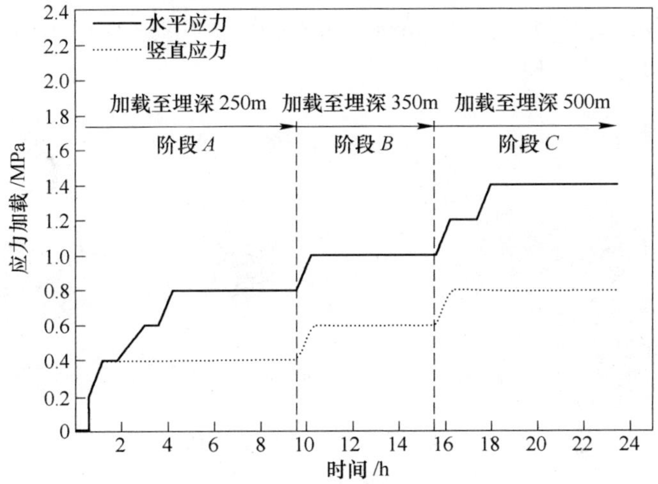

图5.20 分步加载曲线

(3) 监测方案布置。位移监测采用散斑监测，散斑点均匀布置于模型之上。环向切应力监测点布置如图5.21所示。应力监测部位主要为左肩处、拱顶处、右肩处，同一监测线内，监测点间距4cm，每条监测线布置六个监测点。

5.2.4 结果分析

5.2.4.1 隧道变形破坏特征

隧道在A阶段即埋深250m条件下的变形特征如图5.22所示，此时水平载荷为0.8MPa，竖向垂直载荷0.4MPa，隧道左上方区域的围岩变形量明显大于右侧区域，此时隧道位移量较小。无支护情况下左侧围岩变形量最大值0.47mm，右

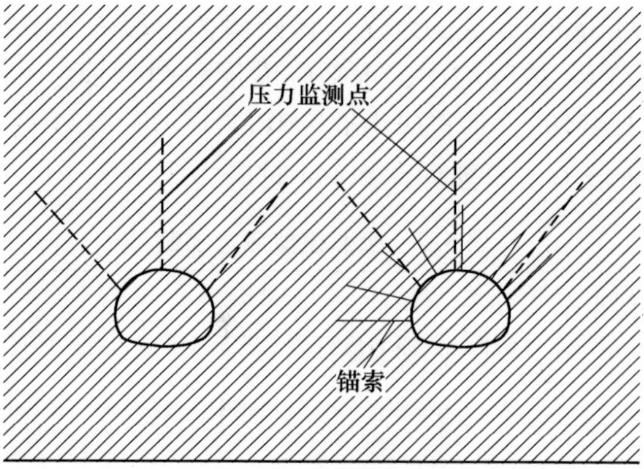

图 5.21　压力计布置图

侧围岩变形量最大值 0.33mm。右侧采用锚索支护巷道，除去噪点左侧变形最大值 0.29mm，右侧变形最大值 0.18mm。左侧无支护隧道及右侧锚索支护隧道均未产生明显的变形破坏现象。

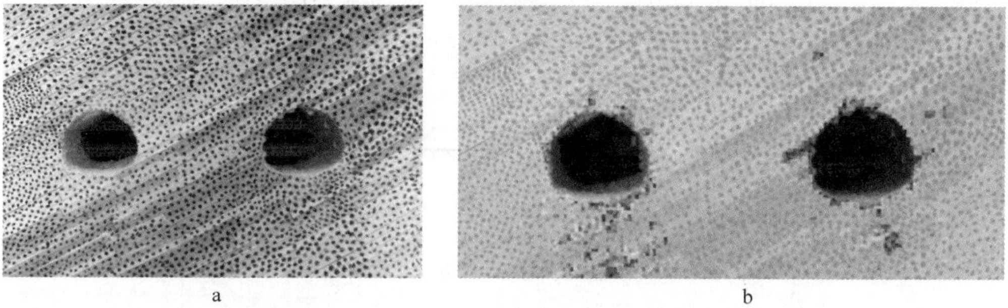

图 5.22　模拟埋深 250m 深度条件下围岩变形特征
a—模型照片；b—散斑效果

隧道在 *B* 阶段即埋深 350m 条件下的变形特征如图 5.23 所示，此时水平载荷为 1MPa，垂直应力 0.6MPa，隧道左右两侧变形差距明显拉大。无支护条件下，

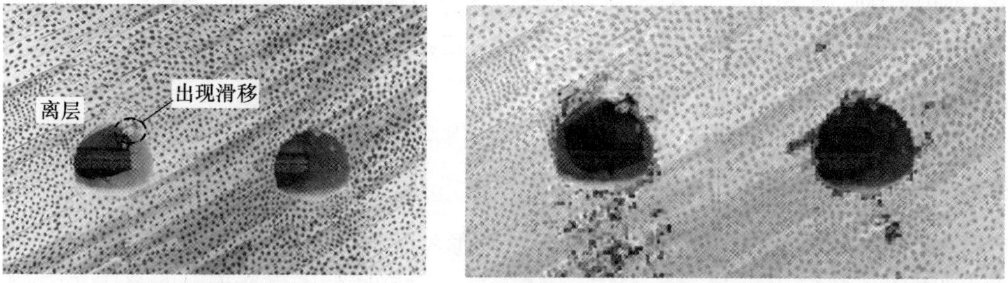

图 5.23　模拟埋深 350m 深度条件下围岩变形特征

隧道左侧靠近临空面处发生了离层现象，右侧也出现了块体滑移。但是由于散斑点的脱落，离层区域散斑不能很好识别。右侧锚索支护下的隧道，并未出现明显的围岩破坏现象。无支护条件下，左侧离层最宽处为 2.2mm（游标卡尺测量），右侧变形最大为 0.45mm。该阶段持续 6 个小时后，并未出现持续的裂纹扩展及围岩破坏现象。

隧道在 *C* 阶段即埋深 500m 条件下的变形特征如图 5.24 所示，此时水平载荷为 1.4MPa，垂直应力 0.8MPa，隧道变形特征分为三个阶段：第一阶段左侧隧道离层进一步发育、第二阶段左侧隧道左侧围岩发生明显剥离现象、第三阶段变形破坏停止左侧隧道变形破坏严重。这三个阶段明显看出隧道左肩窝处的变形远大于其他部位。右侧隧道在锚索的控制下，随着时间的增加也发生了变形现象，但

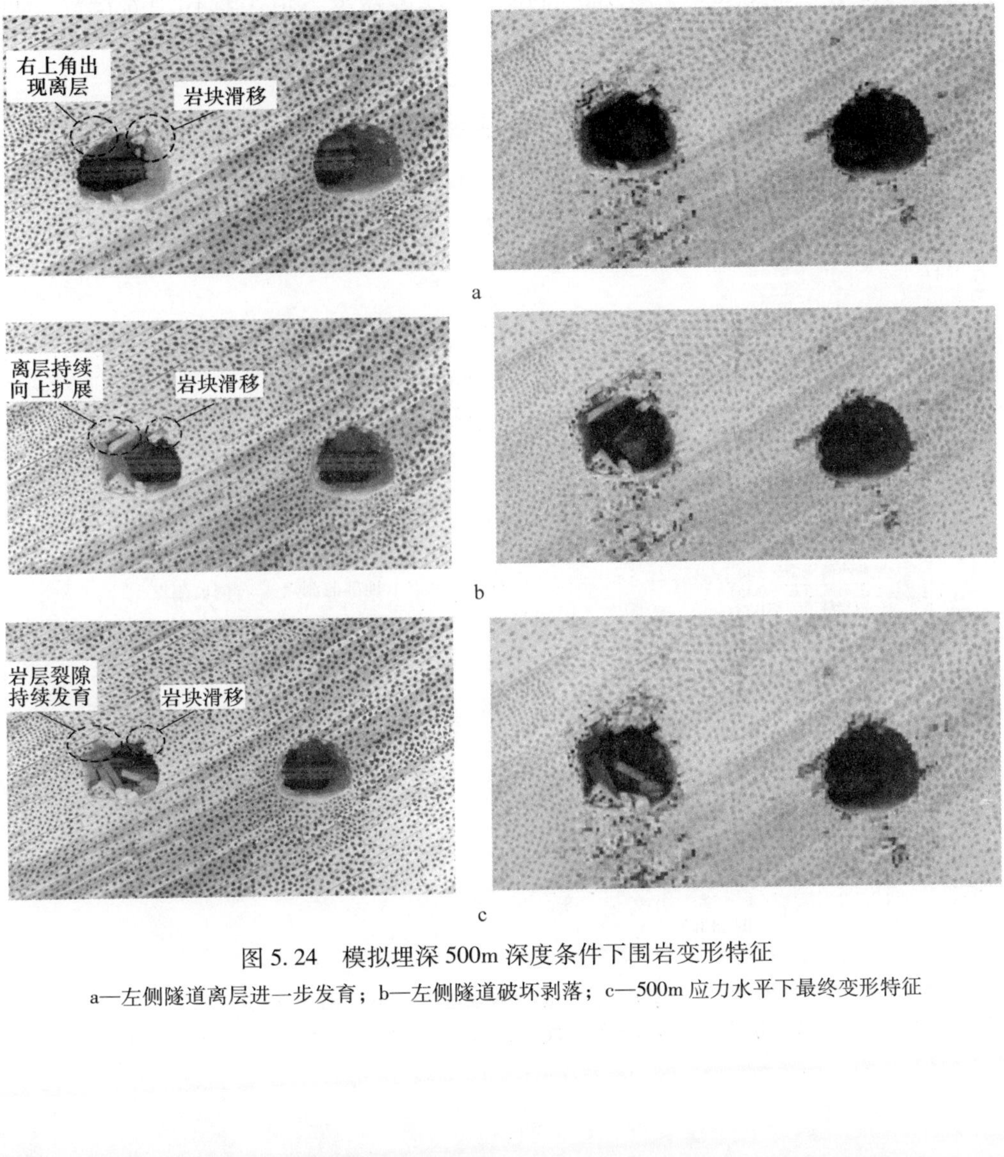

图 5.24 模拟埋深 500m 深度条件下围岩变形特征

a—左侧隧道离层进一步发育；b—左侧隧道破坏剥落；c—500m 应力水平下最终变形特征

整体变形量较小，隧道并未发生明显破坏。从左右两隧道变形特征可以看出，锚索对隧道围岩控制效果十分明显，能有效控制围岩离层发育。

5.2.4.2　隧道围岩应力演化规律

（1）模拟深度 250m。如图 5.25 所示，在无支护条件下，隧道模拟在 250m 埋深下硐室最大切向应力在隧道 3cm 处。随着加压的不断进行，压力盒数值逐渐增加。如图 5.25a 所示，隧道左肩处随着隧道围岩深度的增加，压力盒数值减少，说明在该条件下，围岩切向应力主要集中于隧道围岩边缘，此时隧道左肩处围岩塑性区范围较小。如图 5.25b 所示，隧道顶部监测点压力盒最大值也位于围岩深部 3cm 处，同样也伴随着围岩深度的增加压力数值减小，此时顶部塑性区发育范围也较小。如图 5.25c 所示，右侧压力压力盒最大值出现在围岩深部 3cm 处，塑性区发育范围较小。

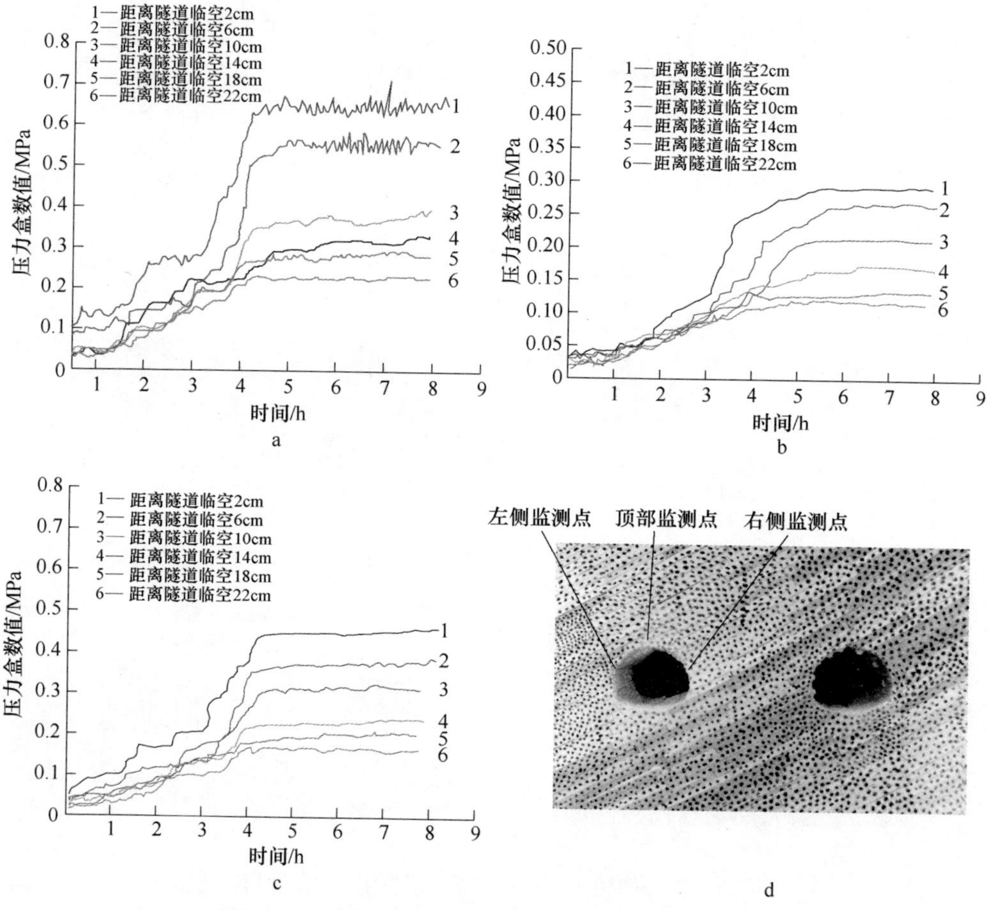

图 5.25　无支护 250m 埋深条件下隧道环向切应力

a—左侧监测点数据分析；b—顶部监测点数据分析；c—右侧监测点数据分析；d—监测点布置

如图 5.26 所示，锚索支护条件下不同位置点应力变化情况与无支护条件下应力变化十分相似，因此可以表明在 250m 深度情况下，由于隧道围岩变形量较小，锚索支护作用不明显。隧道围岩切应力最大值均靠近隧道临空面（开挖边界），并且随着深度增加，围岩切应力减小。

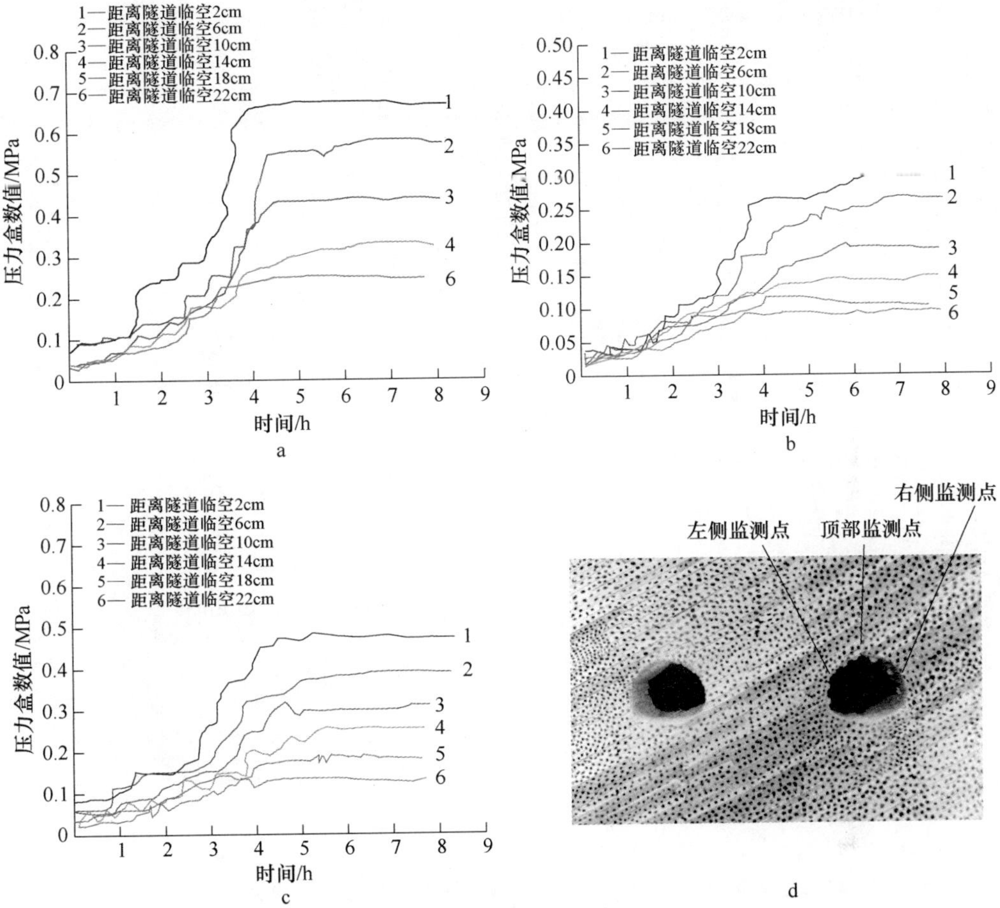

图 5.26 锚索支护 250m 埋深条件下隧道环向切应力

a—左侧监测点数据分析；b—顶部监测点数据分析；c—右侧监测点数据分析；d—监测点布置

（2）模拟深度 350m。当模拟深度达到 350m 时，即垂直应力 0.6MPa，最大水平主应力 1MPa 时，随着应力的增加切向应力都存在增高趋势。如图 5.27 所示，在无支护状态下，隧道左肩靠近围岩临空面距离 2cm 处，切向应力增加到 0.88MPa 左右时，压力盒数值陡降，这是因为此时隧道边缘发生了破坏，围岩压力不能传递至压力盒上。此时，距离围岩临空面 6cm 处并未出现陡降现象，说明此时破坏区域并未达到围岩深度 6cm 处。隧道顶部，距离围岩临空面 2cm 在应力值 0.41 时发生了陡降现象，这也是由于围岩破坏引起的，同样在距离隧道临空面 6cm 处也并未发生陡降现象，说明围岩破坏深度也没有达到此处。隧道右侧应力随着应力梯度的增加而增加，并未发生破坏现象，说明右侧隧道围岩并未发生破坏。

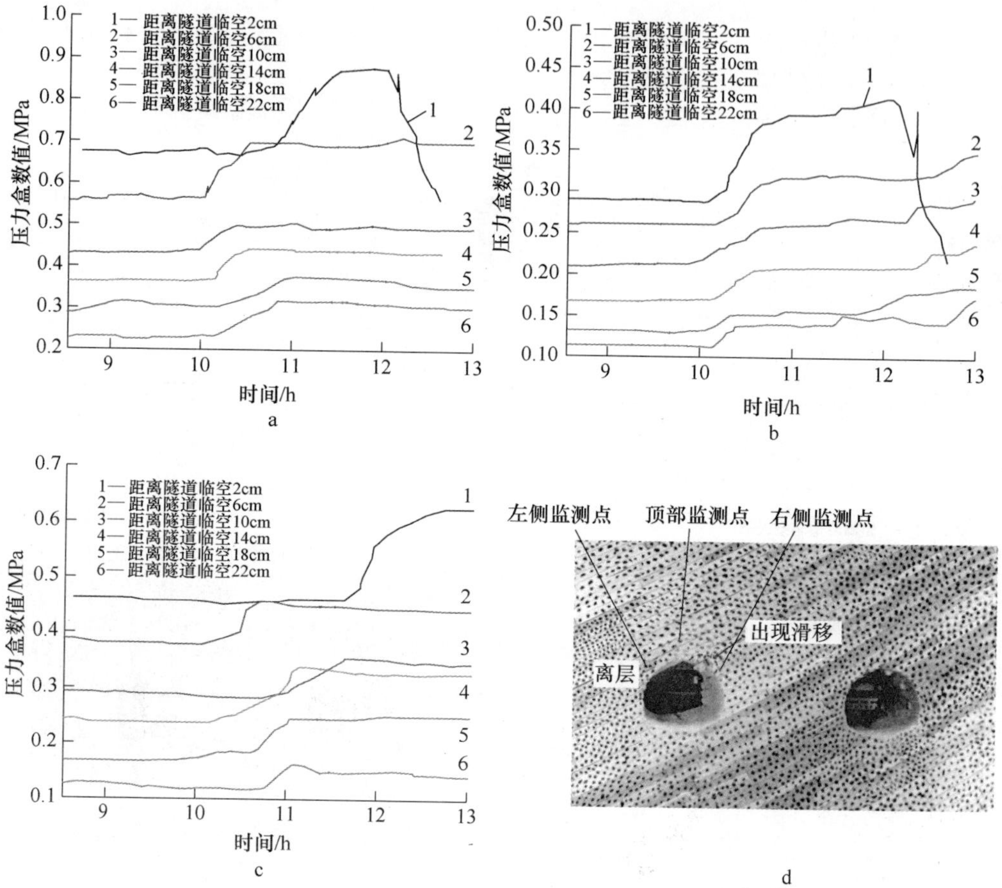

图 5.27　无支护 350m 埋深条件下隧道环向切应力

a—左侧监测点数据分析；b—顶部监测点数据分析；c—右侧监测点数据分析；d—监测点布置

如图 5.28 所示，隧道在锚索控制作用下随着应力梯度的增加，切向应力增加。隧道围岩左侧监测点，在距离隧道围岩临空面 2cm 处为切应力最大值，最大值为 1MPa，并未出现破坏现象。说明锚索能够有效控制围岩破坏，并且增加围岩的抗剪能力。顶部监测点切应力最大值也为距离隧道临空面 2cm 处，说明隧道顶部围岩也未出现破坏现象。隧道右侧切应力最大值同样为距离隧道临空面 2cm 处。

（3）模拟深度 500m。如图 5.29 所示，在模拟埋深 500m 情况下，随着应力

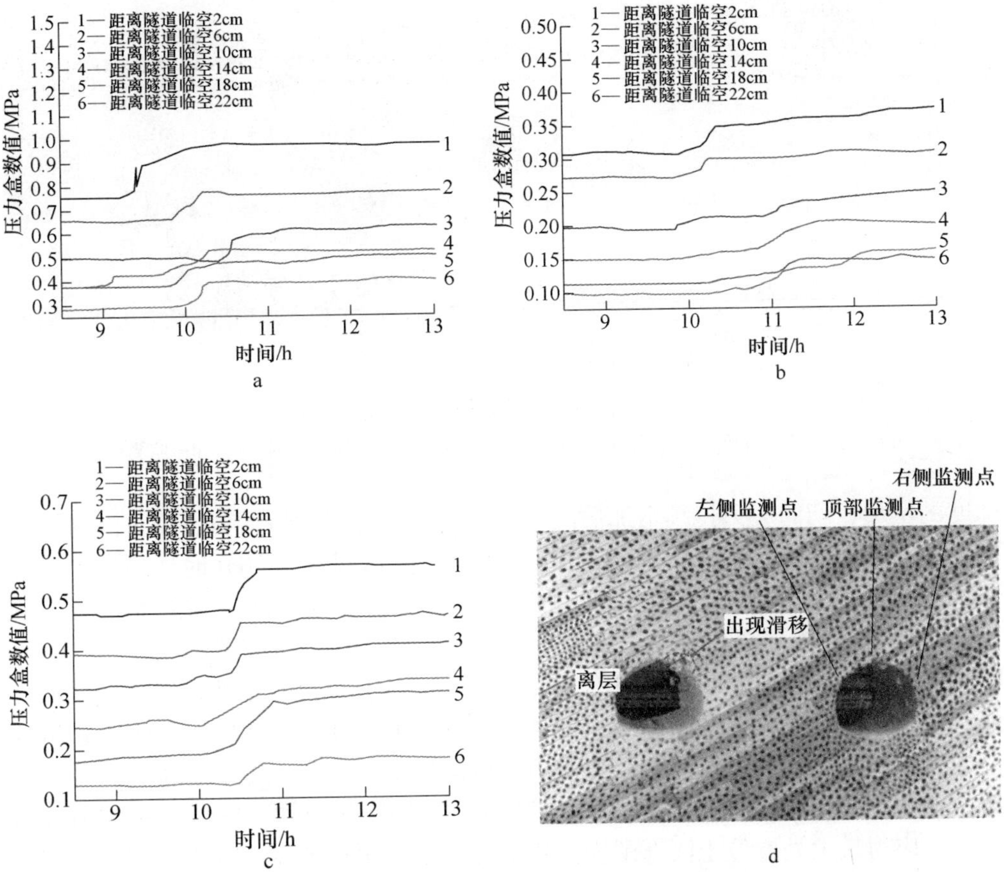

图5.28　锚索支护350m埋深条件下隧道环向切应力

a—左侧监测点数据分析；b—顶部监测点数据分析；c—右侧监测点数据分析；d—监测点布置

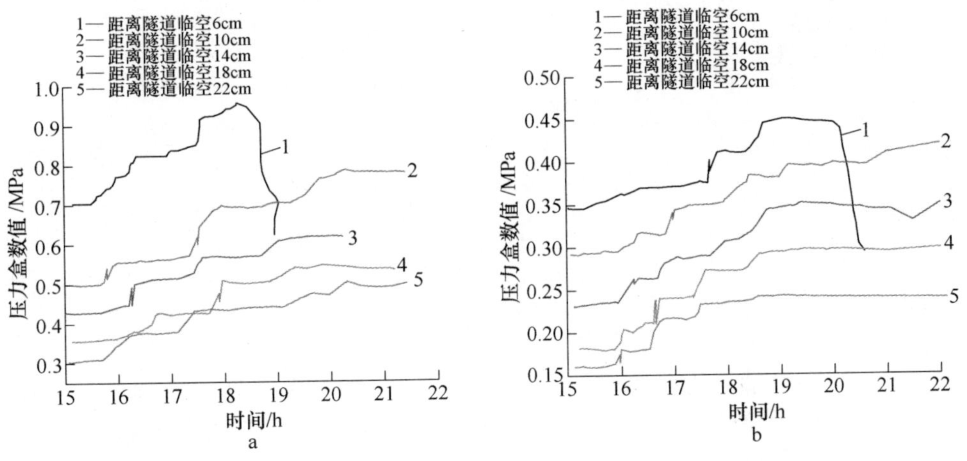

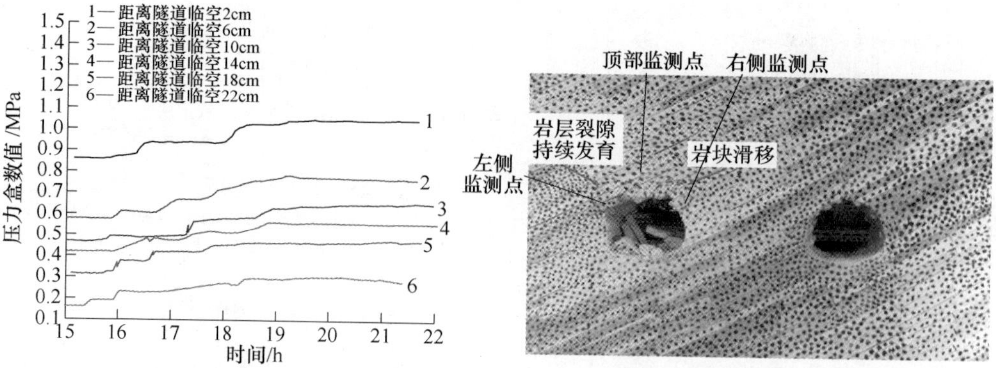

c　　　　d

图 5.29　无支护 500m 埋深条件下隧道环向切应力

a—左侧监测点数据分析；b—顶部监测点数据分析；c—右侧监测点数据分析；d—监测点布置

梯度的增加，切向应力持续增加。隧道左侧围岩应力起始最大值出现于隧道围岩深部 6cm 处，随着切应力的不断增加，切应力值达到 0.93MPa 时，隧道围岩深部 6cm 处压力盒值陡降，说明此时围岩破坏区域已经达到围岩深部 6cm 处。围岩 10cm 处应力围岩离层发育过程中，切应力逐步增加。隧道顶部监测点表面，6cm 深度在切向应力达到 0.45MPa 时，也出现了应力陡降，说明此时破坏区域已经达到 6cm。在距离隧道顶部临空面深度 10cm 处应力逐步增加，说明该区域并未出现破坏。隧道右侧监测点随着应力梯度的增加，切应力逐步增高。

如图 5.30 所示，在锚索控制下，随着应力梯度的增加，各位置切应力逐步增加，应力最大处皆位于浅部围岩。隧道并未发生明显破坏，隧道左侧距离围岩深度 2cm 处最大切应力达到 1.65MPa。隧道顶部最大应力达到 0.5MPa。隧道右侧监测范围内，最大监测点应力值 0.92MPa。

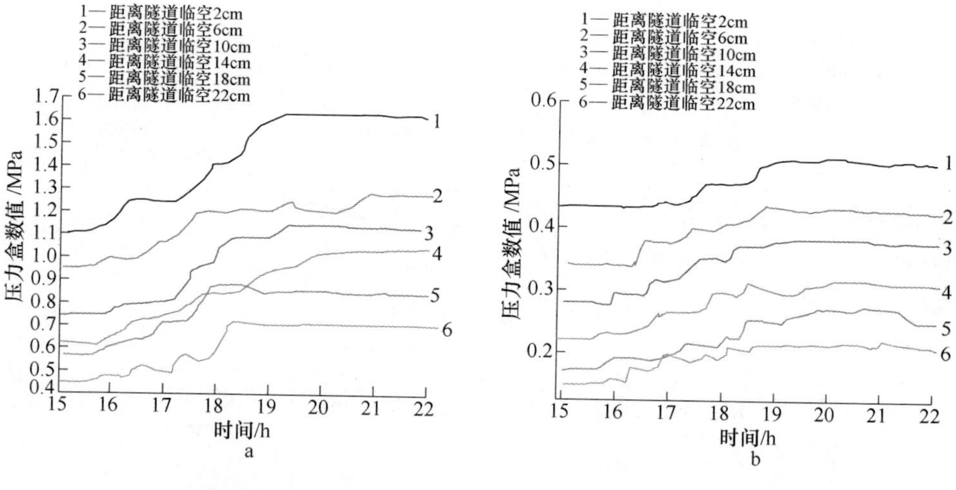

a　　　　b

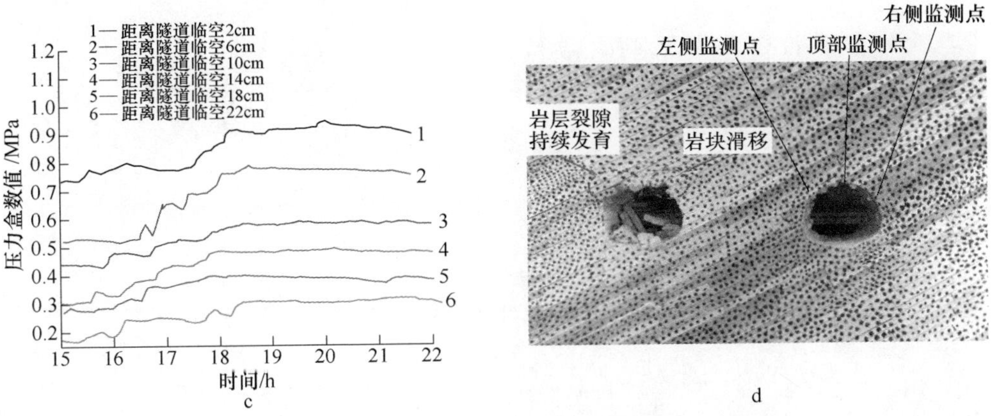

图 5.30　锚索支护 500m 埋深条件下隧道环向切应力

a—左侧监测点数据分析；b—顶部监测点数据分析；c—右侧监测点数据分析；d—监测点布置

5.3　高预紧力恒阻锚索支护控制效果数值分析

5.3.1　建立计算模型

本节采用书中第 3.4 节中的模型建立以及参数获取方法，充分考虑优势节理与均布节理，采用本书第 4.3 节锚索预紧力策略，选取 35t 预紧力，埋深 500m，对比高预紧恒阻锚索+钢拱架+初喷的初期支护策略与钢拱架+初喷的初期支护策略下的围岩变形特征、主应力分布特征以及塑性区特征。

如图 5.31 所示隧道锚索、初期支护均按照实际工程构建，初期支护中锚索长度为 10m 与 5m，预紧力为 35t。初喷+钢拱架厚度 25cm，仰拱高度为 2m。模型中岩石采用摩尔库伦本构模型，节理采用库伦滑移模型。岩石参数采用本书第 3 章确定的力学参数，见表 5.4。选取 jkn = 2e9、jks = 1e9、jcoh = 1e5、jfr = 25、jten = 5e4 作为优势节理参数。

表 5.4　炭质板岩力学参数

岩性	岩体参数						结构面参数				
	密度 /kg·m^{-3}	K /GPa	G /GPa	C^b /MPa	φ^b	σ_t^b /MPa	K^n /GPa	k^s /GPa	C^j /MPa	φ^j	σ_t^j /MPa
天然状态炭质板岩	2500	0.44	0.25	1.7	22	0.6	30.21	12.08	3.75	29	3.45
饱和水状态炭质板岩	2500	0.24	0.092	0.94	20	0.3	11.17	4.45	2.91	20	1.66

如图 5.28 所示，本书将钢拱架+初喷+钢筋网等效为实体模型，该部分厚度

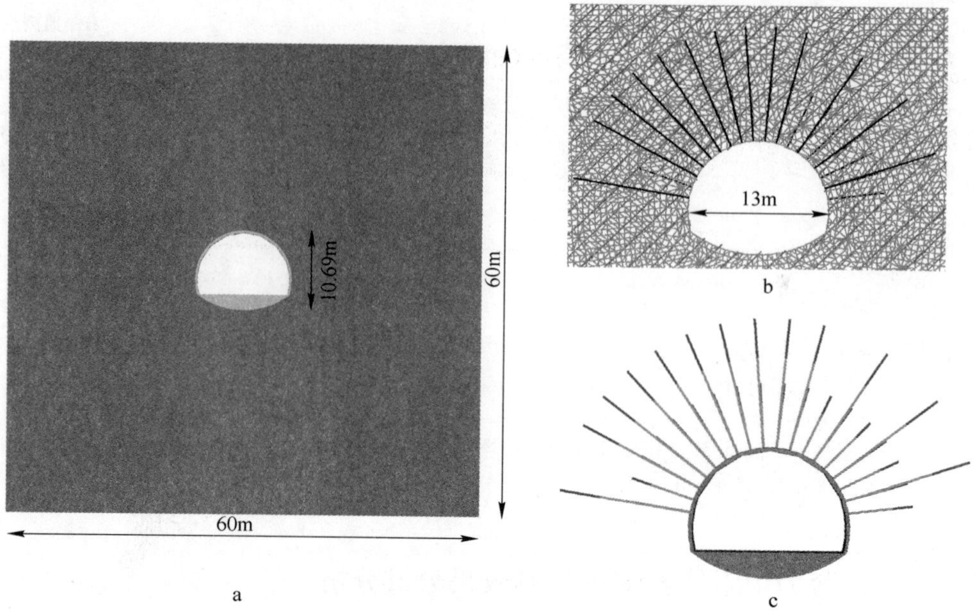

图 5.31 隧道局部模型图

a—模型尺寸；b—锚索与围岩；c—支护系统

由初喷厚度决定，初衬的弹性模量由公式（5.5）计算[137,138]。

$$E = E_0 + \frac{S_g E_g}{s_0} + \frac{S_j E_j}{s_0} \tag{5.5}$$

式中，E 表示初喷、钢拱架以及钢筋网形成整体的等效弹性模量；E_0 表示初喷混凝土弹性模量；E_g 表示钢拱架弹性模量；E_j 表示钢筋网弹性模量；s_0 表示初期支护截面积；S_g 表示钢拱架截面积；S_j 表示钢筋网截面积。

根据现场实际情况，初喷厚度为25cm，混凝土强度等级为C20，弹性模量为21.5GPa。钢拱架型号为I18，间距为60cm，工字钢截面积为30.6cm²。钢筋网直径为φ8mm，孔间距25cm×25cm，双层布置。如公式（5.6）所示，得到等效弹性模量为28.8GPa。

$$\begin{aligned} E &= E_0 + \frac{S_g E_g}{s_0} + \frac{S_j E_j}{s_0} \\ &= 21.5 + \frac{\pi \times 0.008^2/4 \times 10 + 30.6 \times 10^{-4} \times \frac{10}{6}}{1.0 \times 0.25} \times 210 \\ &= 28.8\text{GPa} \end{aligned} \tag{5.6}$$

根据第4章对于恒阻锚索静力拉伸试验可知，锚索拉伸曲线接近理想弹塑性体的变形曲线，因此在数值模拟中，选取 cable 单元的本构模型为摩尔库伦模

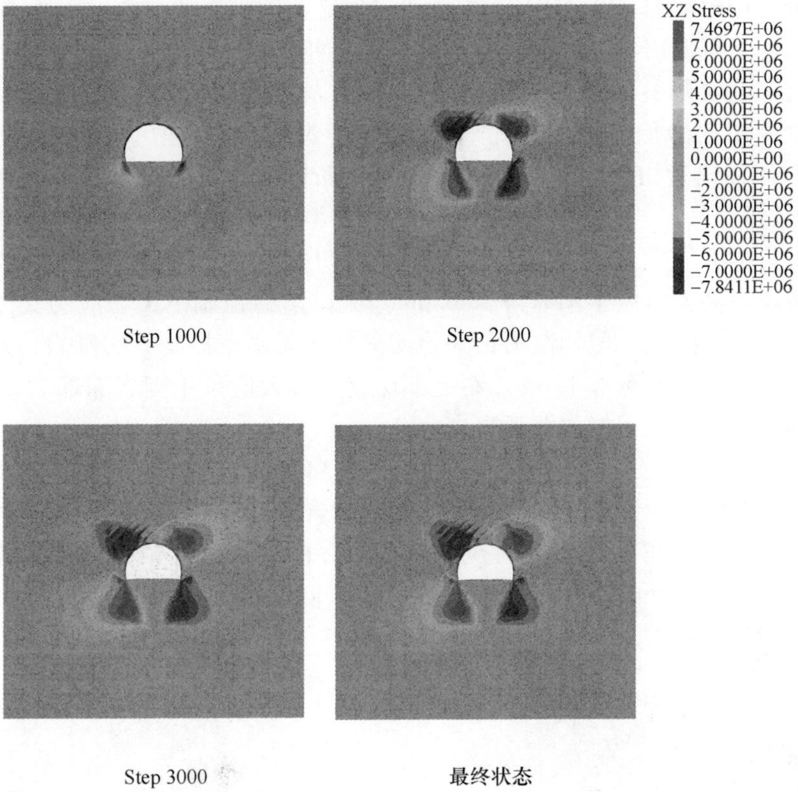

图 5.36 锚索支护下围岩切应力云图

一阶段相比向围岩深处移动了 4.55m。此阶段，在锚索的控制作用下，上中台阶交界处左侧最大切应力为 7.0MPa，比不加锚索控制的情况下增加了 0.7MPa，同时与上阶段相比增加了 2.9MPa。左侧切应力最大值距离隧道临空面 0.8m，与不加锚索相比，最大切应力深度少 3.2m，与上一阶段相比向深部移动了 0.7m。上中台阶交界处右侧最大切应力值为 7.1MPa，与不加锚索相比增加了 0.5MPa，与上一阶段相比增加了 2.8MPa。右侧切应力最大值距离隧道围岩临空面 1.9m，与不加锚索相比减少了 2.9m，与上一阶段相比向围岩深处移动了 1.82m。

在运算 2000~3000 步过程中，在无锚索控制作用下，切应力集中区域继续向深部转移，上中台阶交界处左侧切应力最大值为 6.5MPa，与第二阶段相比此时最大切应力值增加了 0.2MPa。切应力最大值距离围岩临空面 7.8m，与第二阶段相比向围岩深处移动了 3.8m。上中台阶交界处右侧最大切应力值 6.38MPa，与第二阶段相比减少了 0.22MPa，最大值距离隧道围岩临空面距离 6.5m，与第二阶段相比向围岩深处移动了 1.7m。此阶段，在锚索的控制作用下，上中台阶交界处左侧最大切应力为 7.4MPa，比不加锚索控制的情况下增加了 0.9MPa，同时与上阶段相比增加了 0.4MPa。左侧切应力最大值距离隧道临空面 1.5m，与不加锚索相比，最大切应力深度少 6.3m，与上一阶段相比向深部移动了 0.7m。上中台阶交界处右侧最大切应力值为 7.2MPa，与不加锚索相比增加了 0.82MPa，与上一阶段相比增加了 0.1MPa。右侧切应力最大值位置距离隧道围岩临空面 2.1m，与不加锚索相比减少了 4.4m，与上一阶段相比向围岩深处移动了 0.2m。

在围岩稳定后，不加锚索情况下，切应力集中区域呈现非对称性布置，左上部切应力集中区域明显大于右上部，左上部切应力最大值位于围岩深部 7.9m，右上部切应力最大值位于围岩深部 6.6m。在锚索的控制下，切应力集中区域的非对称现象有所减轻，但切应力最大值明显高于无锚索控制下的围岩，左上部切应力最大值位于围岩深部 1.6m，右上部切应力最大值位于围岩深部 2.2m。在锚索的控制下，围岩抗剪能力明显提高。

（3）塑性区变化特征。如图 5.37 和图 5.38 所示，在锚索及无锚索支护下的不同阶段塑性区拓展情况。根据分析可知，围岩塑性区的破坏主要以剪切破坏为主，在围岩浅部存在剪切破坏与拉伸破坏共存的现象。在锚索的支护控制作用下，上下台阶交界处的塑性区面积明显减少，但隧道底部因没有进行锚索支护，塑性区面积相差不大。

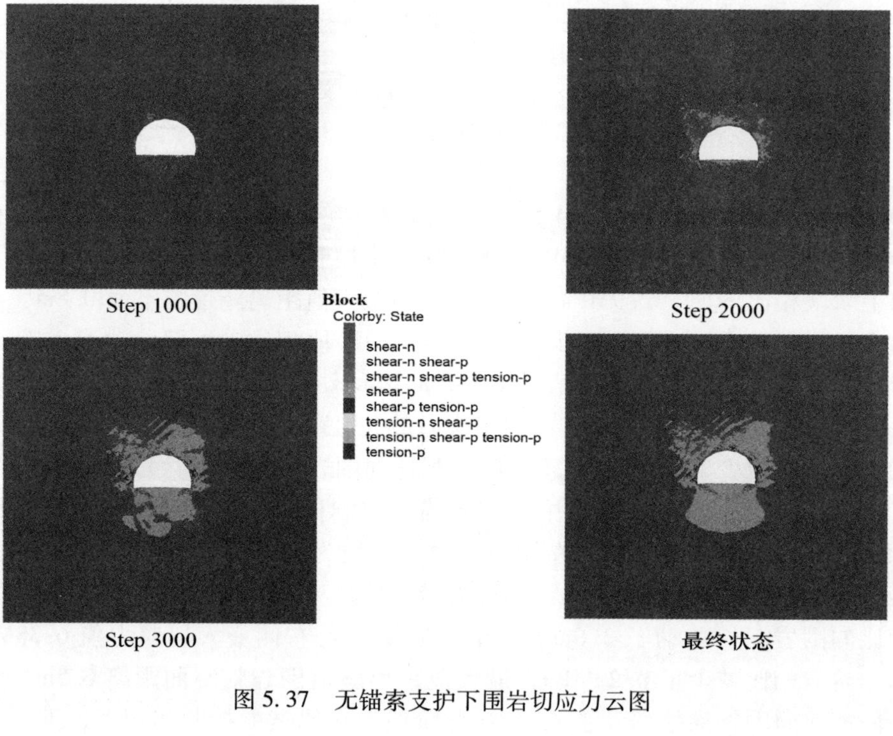

图 5.37　无锚索支护下围岩切应力云图

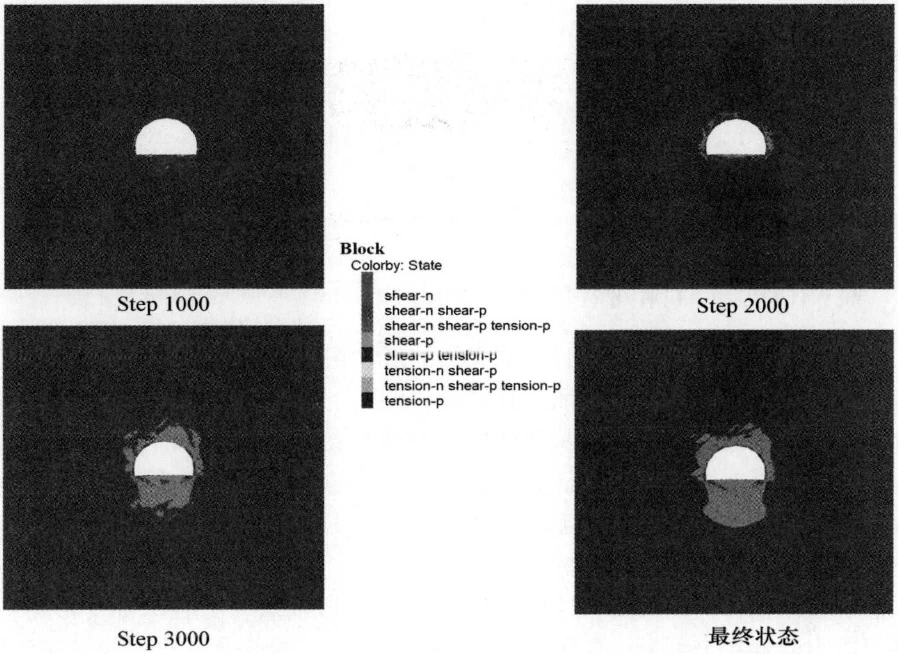

图 5.38　锚索支护下围岩塑性区分布特征

6 现场实测分析

6.1 监测目的及监测内容

完整的现场监测资料可以为隧道支护的成功实施提供基础数据，是隧道支护工程得以巩固和发展的重要保证。其主要目的在于：进行隧道围岩稳定性监测数据分析，掌握隧道围岩动态及其规律性，为隧道支护进行日常动态化管理提供科学依据；为检验支护结构、设计参数及施工工艺的合理性，修改、优化支护参数和合理确定不同支护措施的施工时间提供科学依据；通过监测资料，可作为判断隧道工程的质量检查和验收的标准。

监测数据包含：锚索受力监测、围岩表面变形测量、围岩深部变形量监测、钢拱架压力监测 4 个参量，如图 6.1～图 6.3 所示。锚索受力监测能够了解锚索

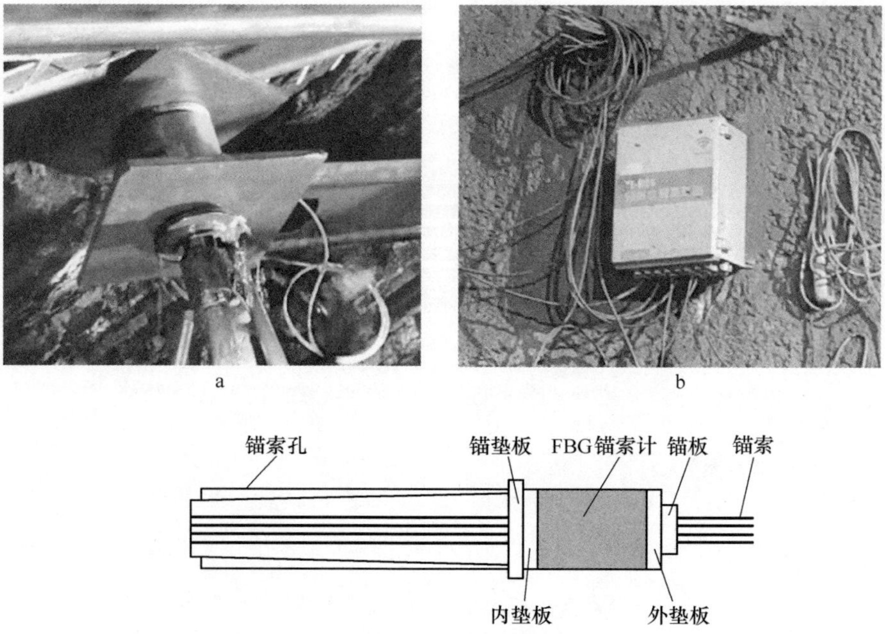

图 6.1　锚索测力计

a—传感器；b—数据接收终端；c—原理图

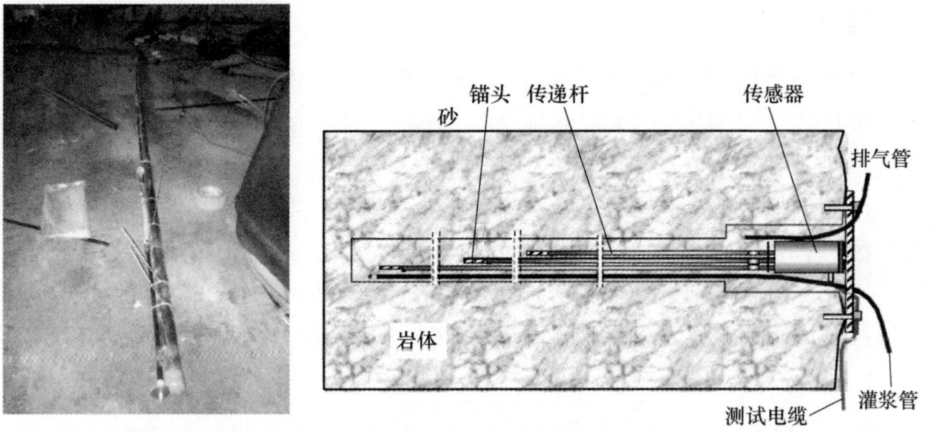

图 6.2 多点位移计

图 6.3 钢拱架受力及围岩变形监测

的恒阻力变化特征，及时了解锚索毗邻围岩的应力状态和吸能特性。围岩深部位移测量主要是监测隧道深部围岩变形随时间的变化情况。围岩深部位移测量的目的是了解隧道围岩各部分不同深度的位移，岩层弱化和破坏的范围（离层情况、塑性区、破碎区的分布等）。利用全站仪对隧道围岩表面变形进行状态测量。通过对隧道钢拱架承受压力的变化规律监测，间接判断隧道围岩内应力状态的变化特征，为支护方案支护效果进行评估，为后期局部加强支护设计提供依据。

6.2　测点布置

为了全面分析高预紧力恒阻锚索支护控制效果，以及下一步为支护方案改进提供决策依据，对 K1765 ~ K1795 段进行监控量测，隧道埋深 500m 左右。该段均采用本书第 5 章中 5.1 节提出的支护方案进行初期支护。如图 6.4 和图 6.5 所示，监测断面间距设置为 5m，故该监测区域内断面共七个。每个断面设置五个位移监测点，监测点位置分别为：拱顶、左拱肩、右拱肩、左拱腰、右拱腰。三个钢拱架受力监测点分别为拱顶、左拱肩、右拱肩，两个锚索应力监测点分别位于左拱肩及右拱肩，多点位移计由于其安装较为困难，仅选择对左拱肩处进行测量。

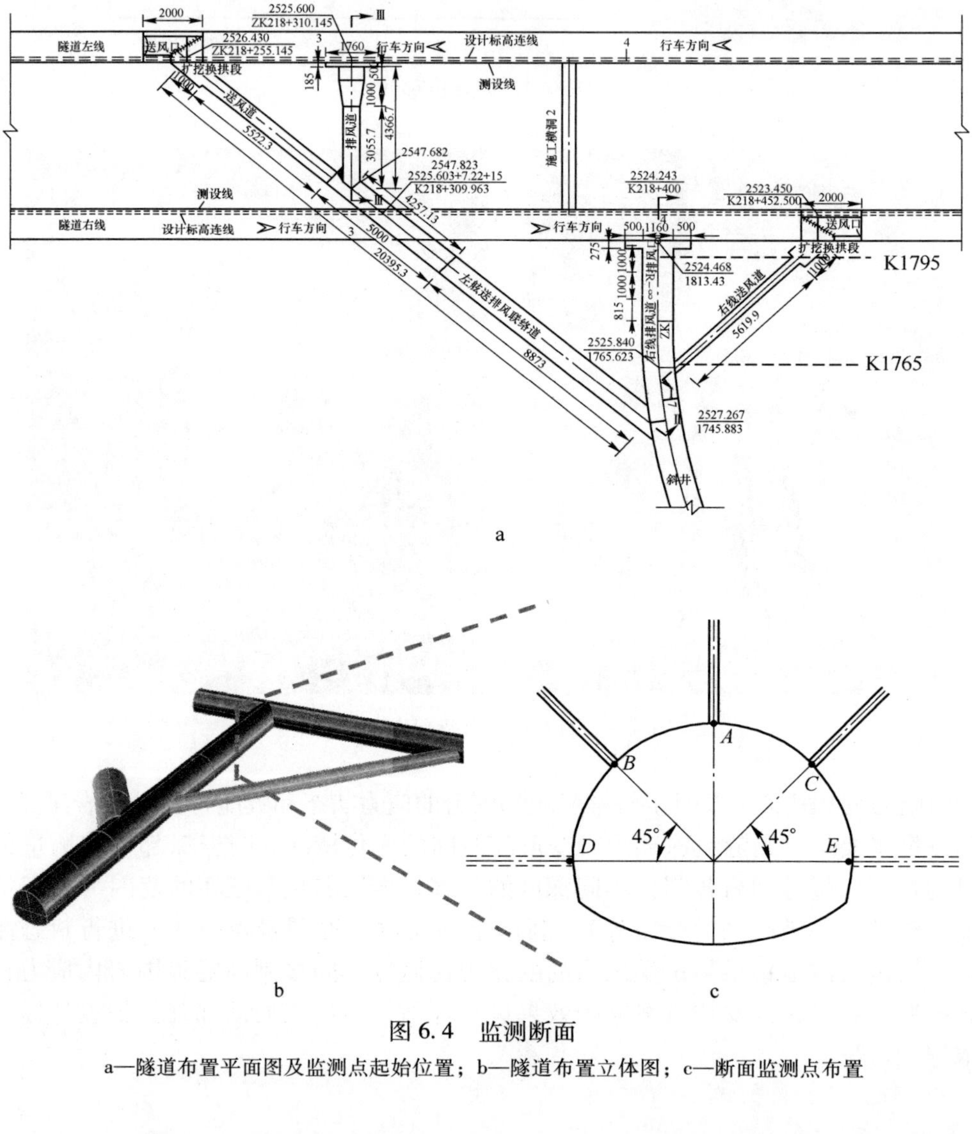

图 6.4　监测断面

a—隧道布置平面图及监测点起始位置；b—隧道布置立体图；c—断面监测点布置

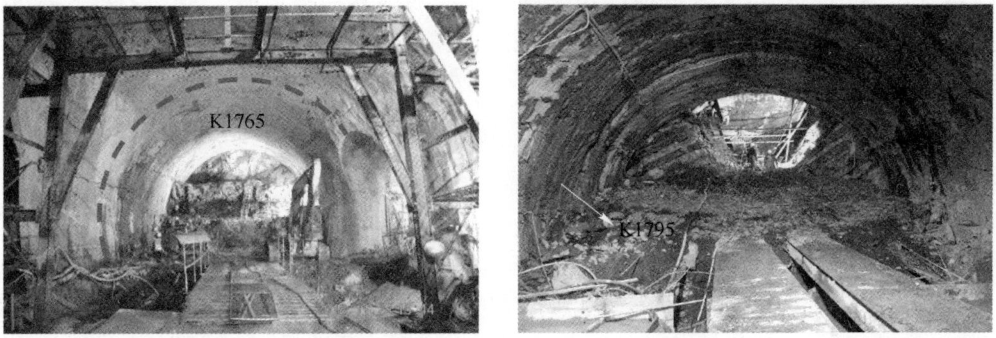

图 6.5　监测点起始及终点位置

6.3　监测结果分析

（1）掌子面情况概述。本区域掌子面揭露岩性主要为薄层炭质板岩，板岩厚度约 10~40cm，层理角度为 19°~45°，部分区域存在滴水现象，如图 6.6 所示，为不同推进位置时掌子面照片。

K1765(深埋502m)

K1770(深埋502m)

K1775(深埋504m)

K1780(深埋503m)

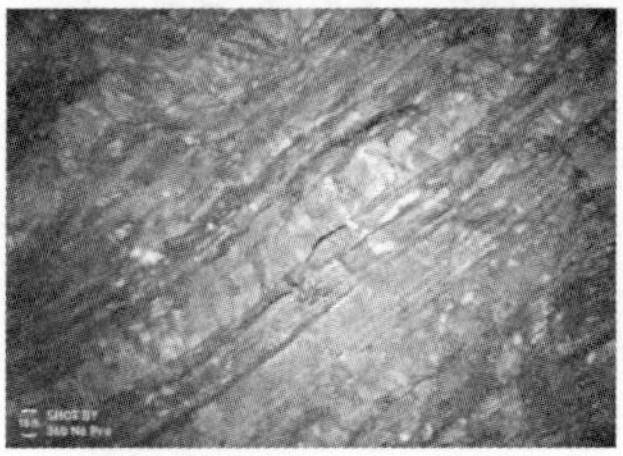

K1785(深埋502m)

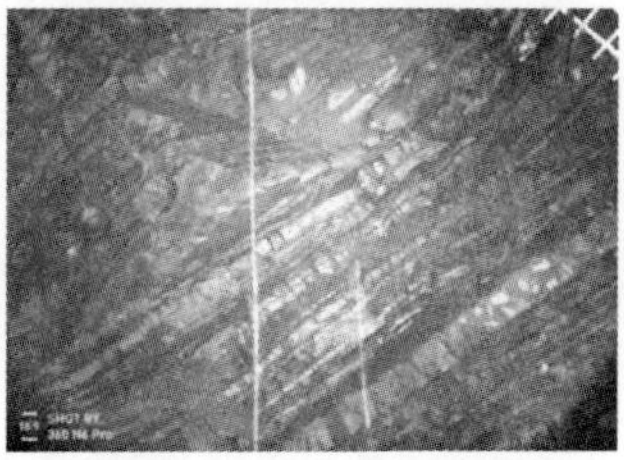

K1790(深埋502m)

图 6.6　掌子面照片

（2）K1765 断面监测结果分析。如图 6.7 所示，断面 K1765 围岩变形收敛情况，围岩变形在 30 天左右时趋于稳定，左侧拱肩部位变形最大，右侧拱肩部位次之，左侧拱腰部位最小。上台阶开挖后围岩收敛变形速度最大，左侧拱肩部位平均每天 1.6cm，右侧拱肩部位平均每天 1.3cm。中台阶钢拱架假设完毕后围岩收敛速度减小。三台阶开挖时间位于中台阶与右线送风道开挖之间。右线送风道进行开挖，导致右拱肩变形量增加，但是随着仰拱开挖及支护后变量速率减少，最终平稳。

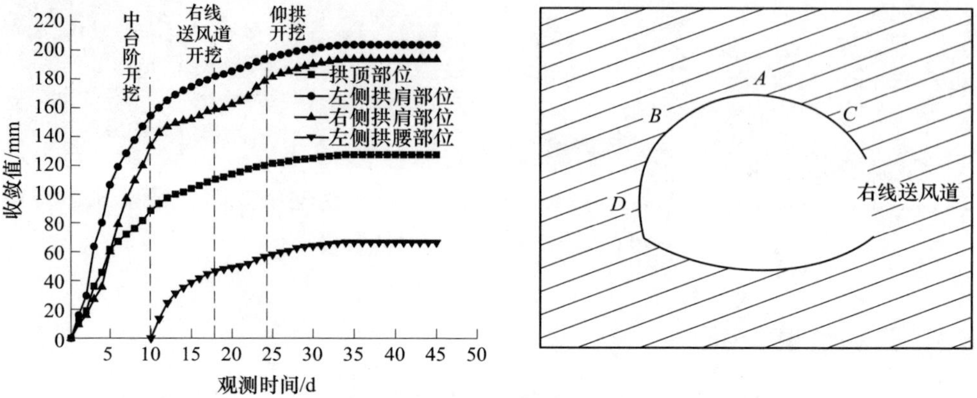

图 6.7　K1765 断面收敛情况

如图 6.8 所示，K1765 断面左拱肩部位与右拱肩部位的锚索受力情况，测力计安装于 10m 长锚索处，恒阻锚索安装时，张拉预紧力为 35t，由于预紧力的损失，锚索安排完毕后对围岩作用力在 29～30t。随着围岩变形量的增加，锚索受力增加，起初锚索受力与观测时间呈线性关系，达到其恒阻值后，锚索受力在 34.1～36.5t 之间浮动。

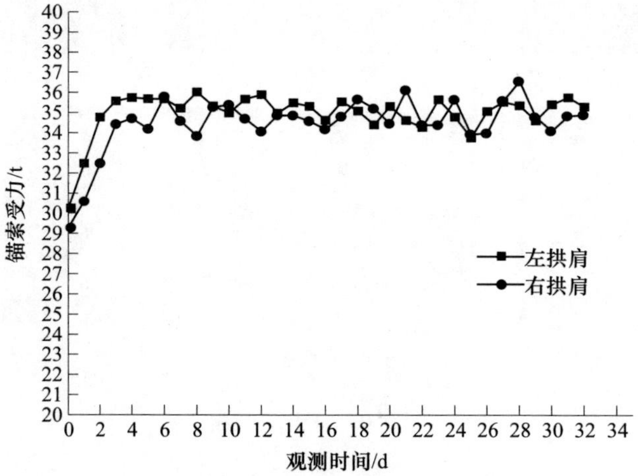

图 6.8　K1765 锚索受力情况

如图 6.9 所示，K1765 断面钢拱架受力情况，左拱肩处钢架应力最大，但未超过屈服强度。在上台阶钢拱架架设完毕后，拱架应力急剧增高。中台阶开挖后，由于上台阶钢拱架有悬空，拱架受力减小，随后随着围岩变形缓慢增加。右线送风道的开挖，引起钢架不同程度的增加。仰拱开挖，闭合完全后钢拱架受力逐步平稳。

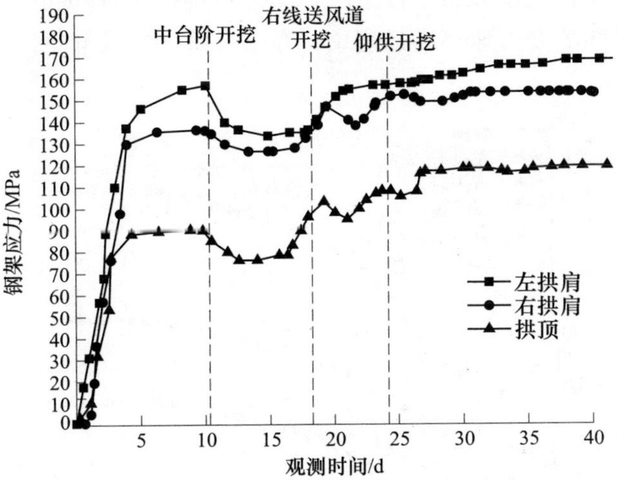

图 6.9 K1765 钢拱架受力情况

如图 6.10 所示为隧道左肩处不同深度条件下的多点位移情况，根据数据可知距离围岩深度 1m 处与 10m 处围岩的相对位移与左肩窝处变形量（如图 6.7 所示）基本相等，因此可以判定 10m 深处围岩变形量为 0。在 5m 恒阻锚索的控制下，0~5m 内离层较小，离层主要集中于 5~7m 以及 7~10m 之间，5~7m 之间离层 45mm，7~10m 之间离层 100mm。

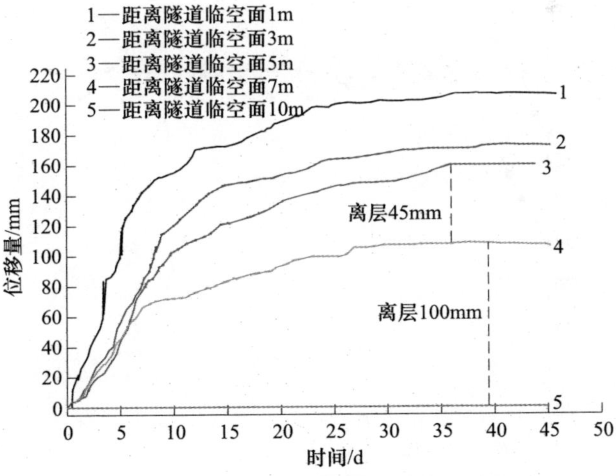

图 6.10 K1765 左肩窝处多点位移情况

（3）K1770 断面监测结果分析。如图 6.11 所示，断面 K1770 围岩变形收敛情况，围岩变形在 29 天左右时趋于稳定，左侧拱肩部位变形最大，右侧拱肩部位次之，右侧拱腰部位最小。上台阶开挖后在 0~10 天内迅速增加，在此过程中左侧拱肩部位平均每天 1.2cm，右侧拱肩部位平均每天 0.9cm。中台阶开挖后左拱肩部位有短时间的变形速率增加现象，在下台阶开挖及仰拱闭合后，围岩变形逐步平稳。

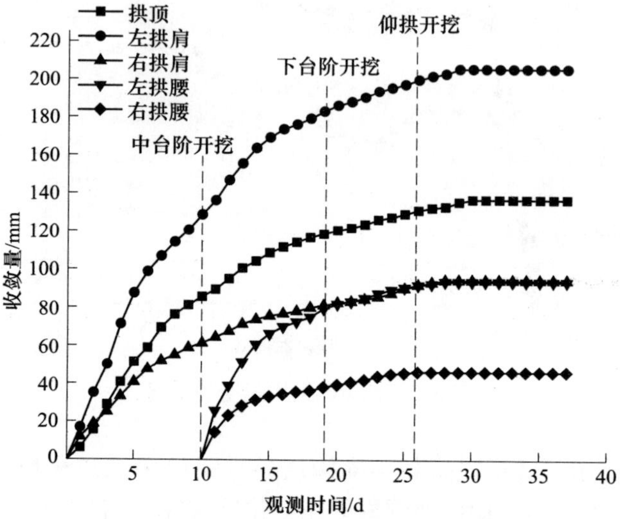

图 6.11　K1770 断面收敛情况

如图 6.12 所示，K1770 断面左拱肩部位与右拱肩部位的锚索受力情况，测

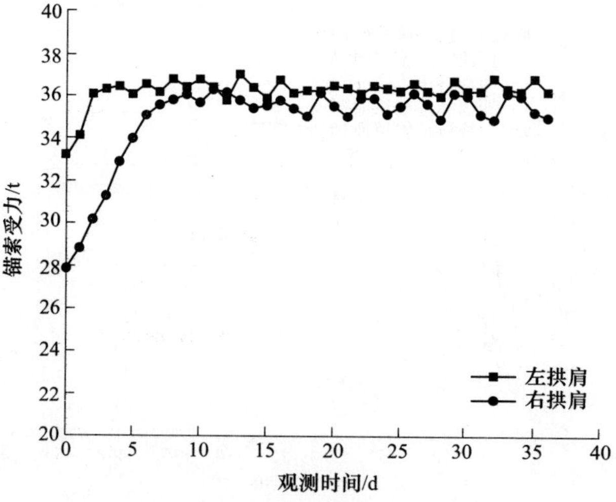

图 6.12　K1770 锚索受力情况

力计安装于10m长锚索处，恒阻锚索安装时，张拉预紧力为35t，由于预紧力的损失，左拱肩锚索对围岩作用力33t，右拱肩锚索对围岩作用力28t。随着围岩变形量的增加，锚索受力增加，起初锚索受力与观测时间呈线性关系，达到其恒阻值后，锚索受力在34~37t之间浮动。

如图6.13所示为K1770断面钢拱架受力情况，受力特征与K1765断面类似。

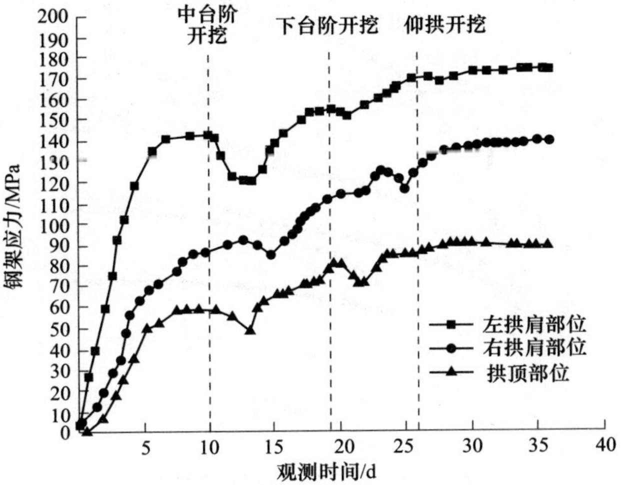

图6.13 K1770钢拱架受力情况

如图6.14所示为隧道左肩处不同深度条件下的多点位移情况，离层主要集中于5~7m以及7~10m之间，5~7m之间离层110mm，7~10m之间离层64mm。围岩3m深处位移与5m出现的交会现象，可能为设备误差引起的。

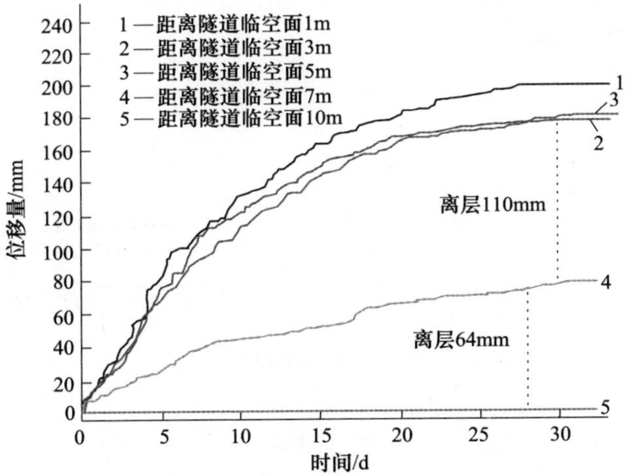

图6.14 K1770左肩窝处多点位移情况

（4）K1775 断面监测结果分析。K1775 断面监测结果如图 6.15 ~ 图 6.18 所示。

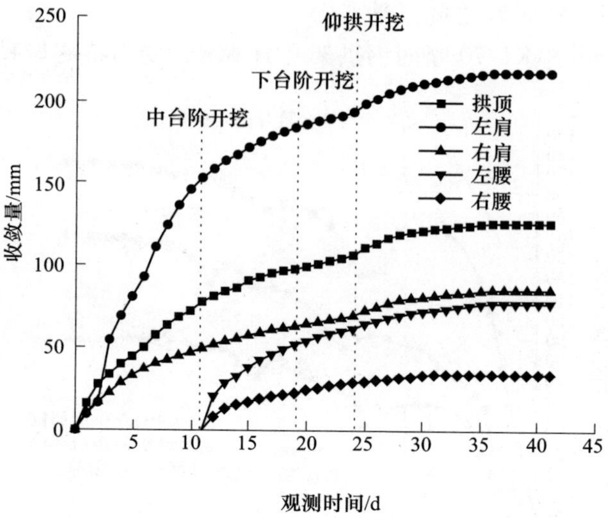

图 6.15　K1775 断面收敛情况

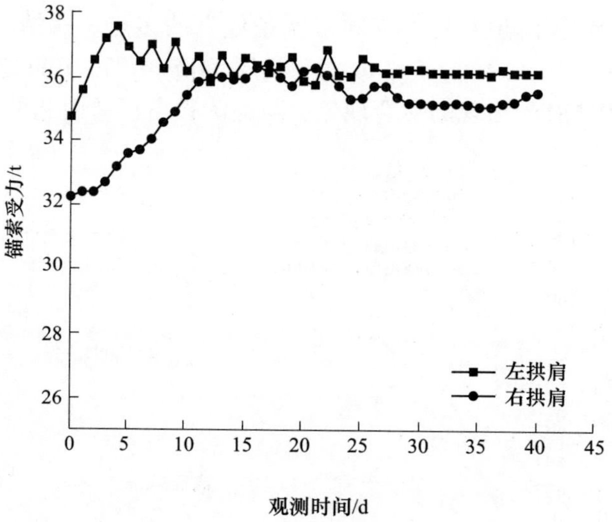

图 6.16　K1775 锚索受力情况

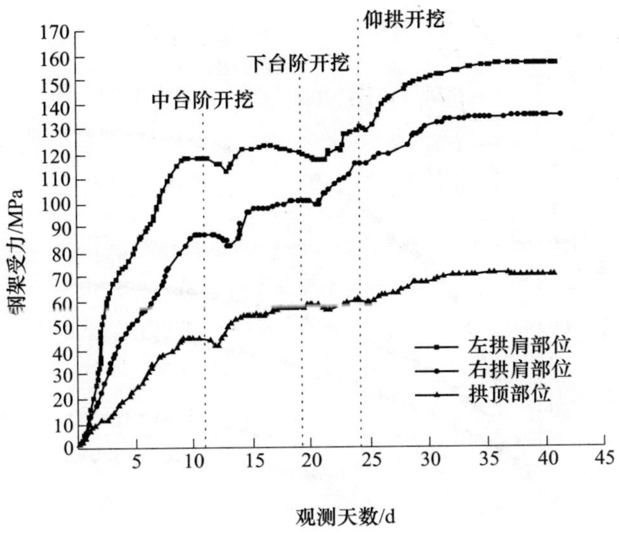

图 6.17 K1775 钢拱架受力情况

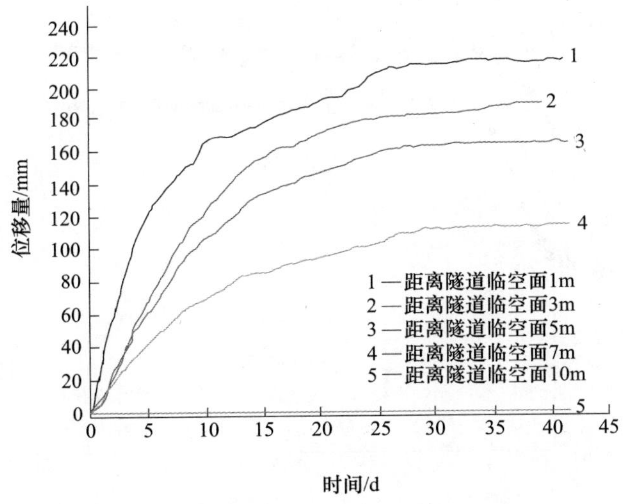

图 6.18 K1775 左肩窝处多点位移情况

（5）K1780 断面监测结果分析。K1780 断面监测结果如图 6.19～图 6.22 所示。

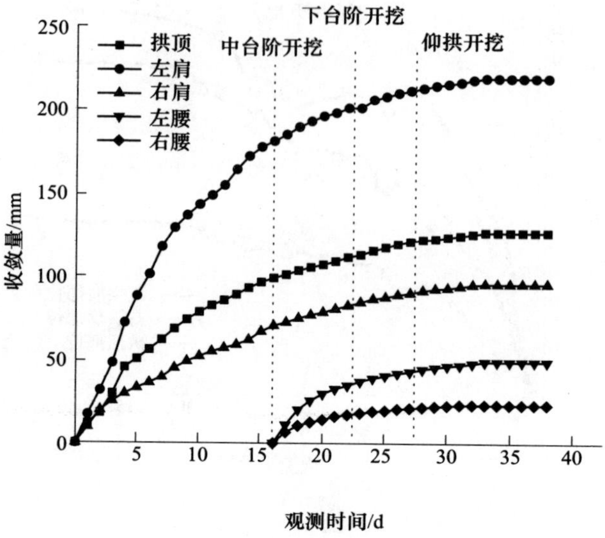

图 6.19　K1780 断面收敛情况

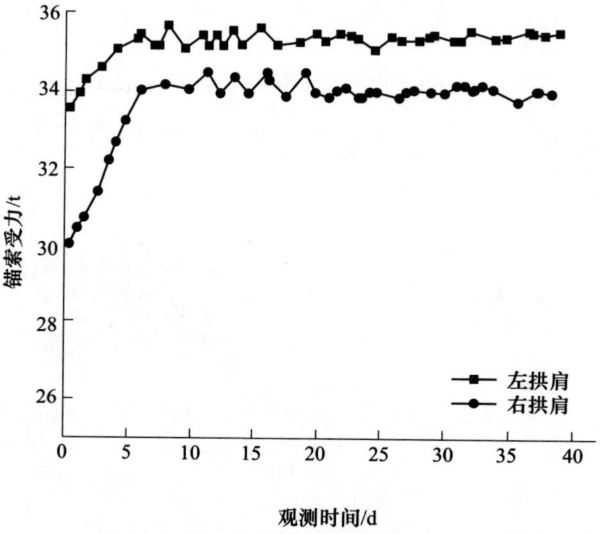

图 6.20　K1780 断面锚索受力情况

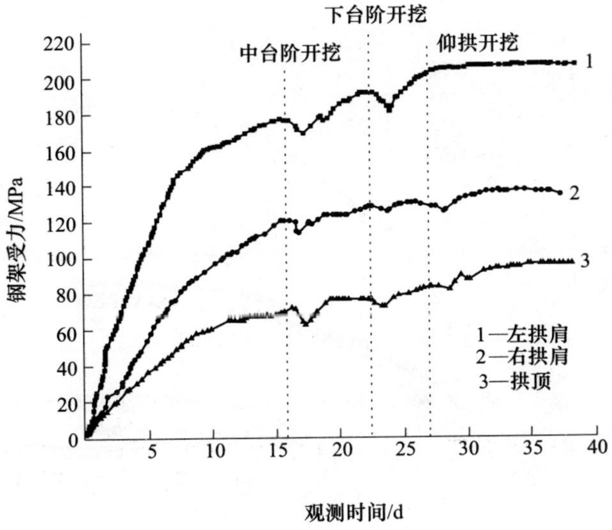

图 6.21 K1780 钢拱架受力情况

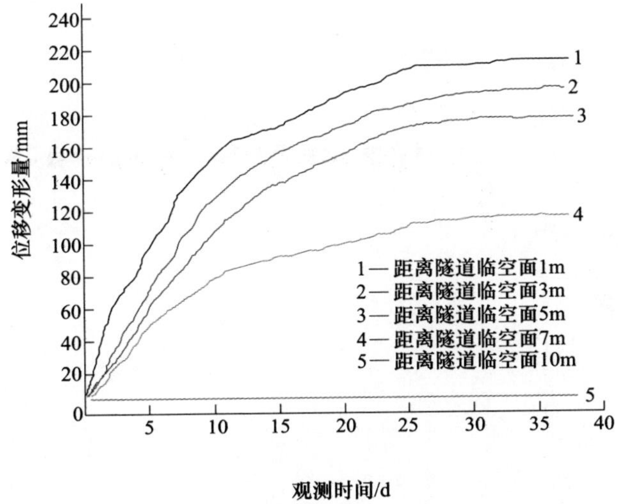

图 6.22 K1780 左肩窝处多点位移情况

（6）K1785 断面监测结果分析。K1785 断面监测结果如图 6. 23 ~ 图 6. 26 所示。

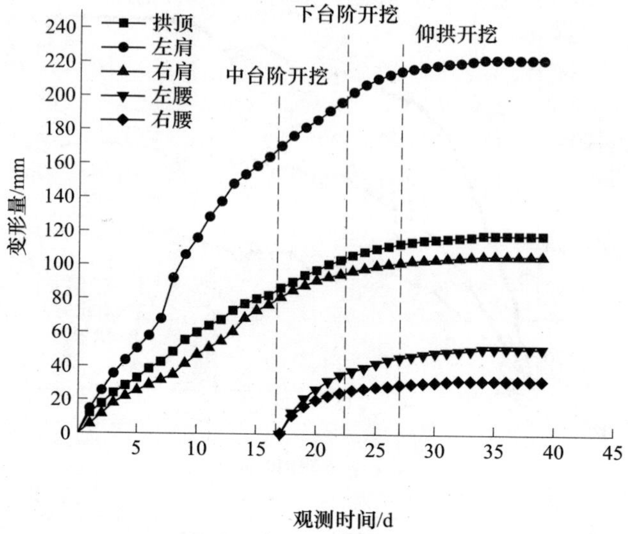

图 6. 23　K1785 断面收敛情况

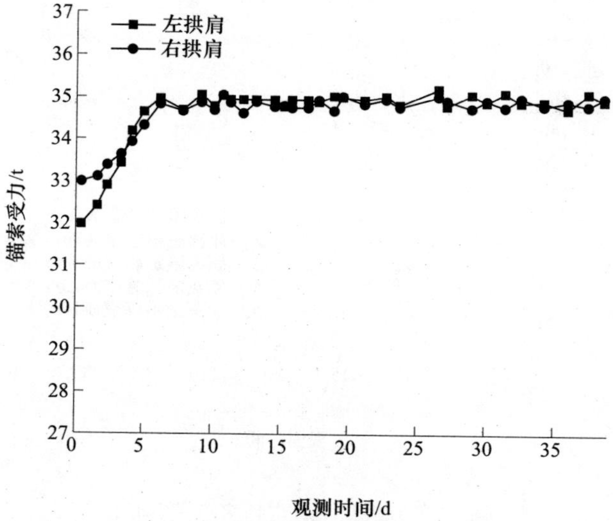

图 6. 24　K1785 断面受力情况

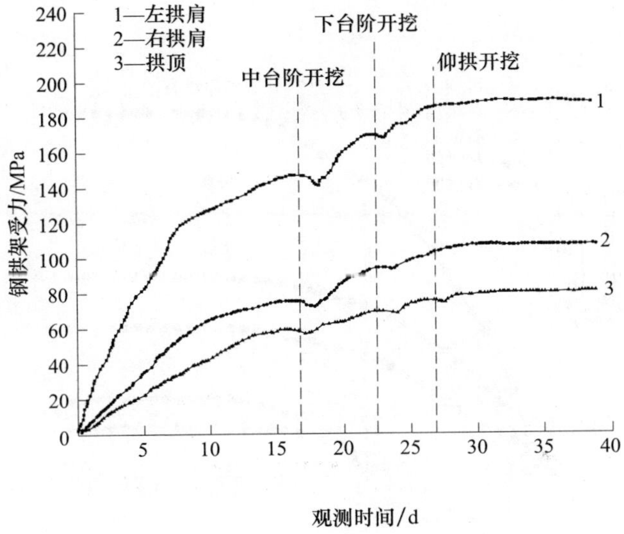

图 6.25　K1785 钢拱架受力情况

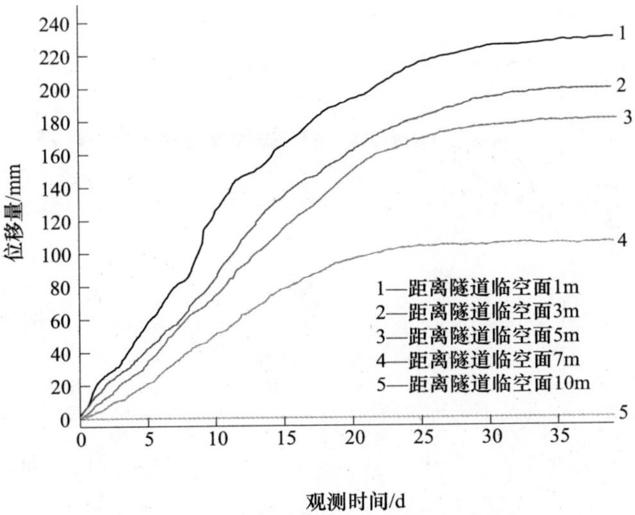

图 6.26　K1785 左肩窝处多点位移情况

（7）K1790 断面监测结果分析。K1790 断面监测结果如图 6.27～图 6.30 所示。

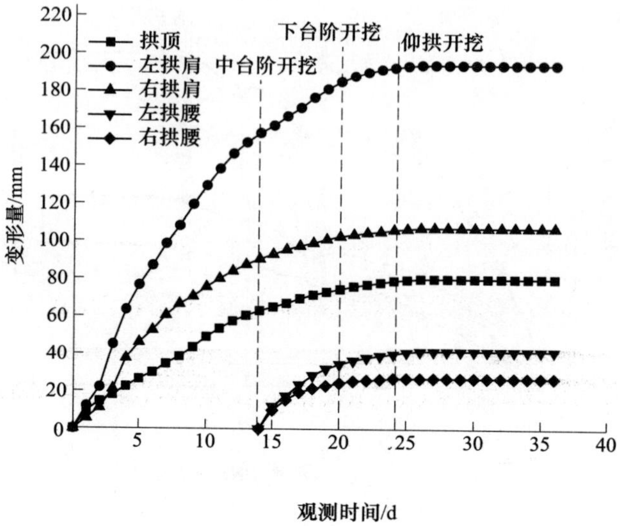

图 6.27　K1790 断面收敛情况

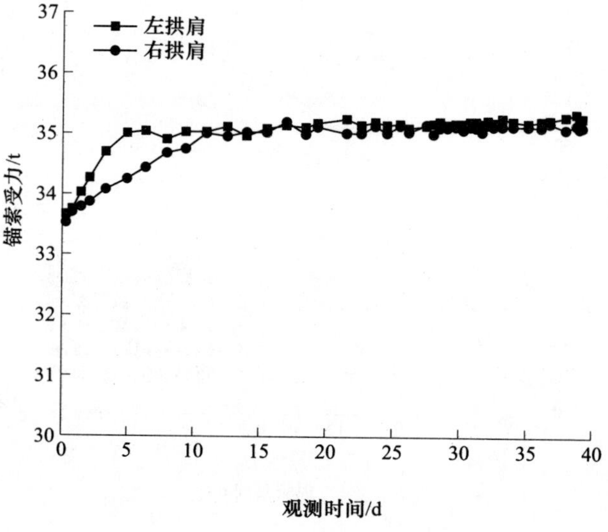

图 6.28　K1790 断面受力情况

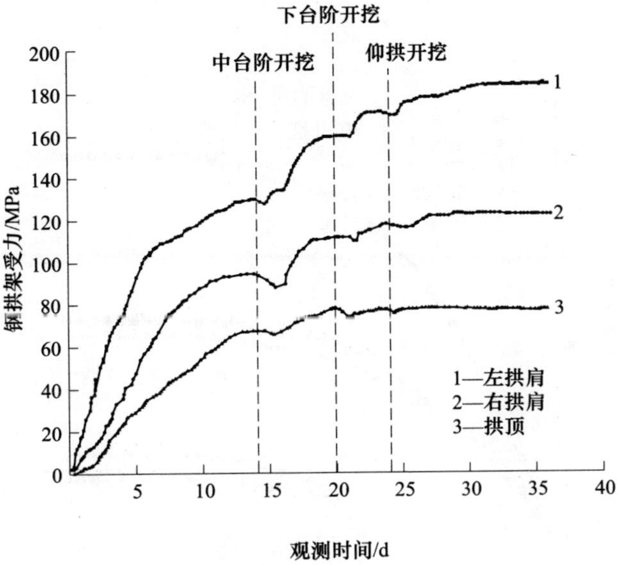

图 6.29 K1790 钢拱架受力情况

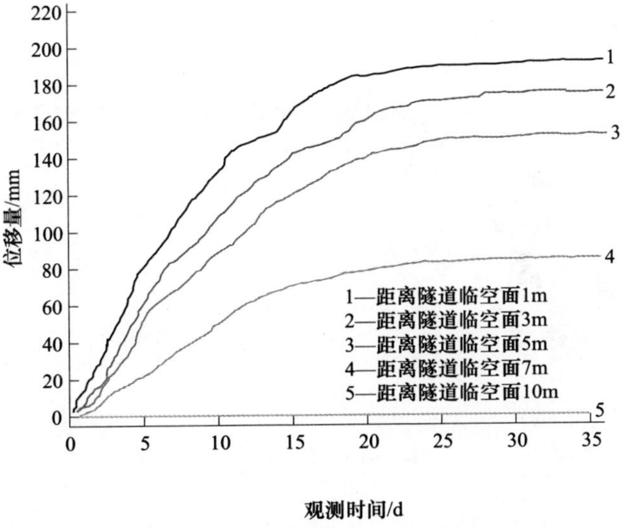

图 6.30 K1790 左肩窝处多点位移情况

（8）K1795 断面监测结果分析。K1795 断面监测结果如图 6.31 ~ 图 6.34 所示。

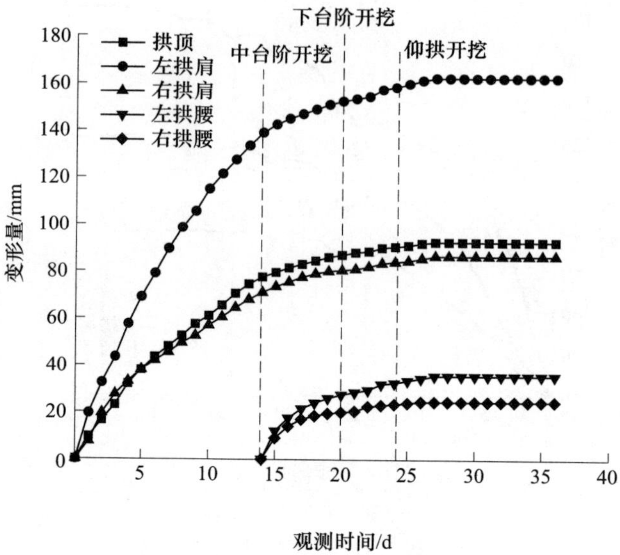

图 6.31　K1795 断面收敛情况

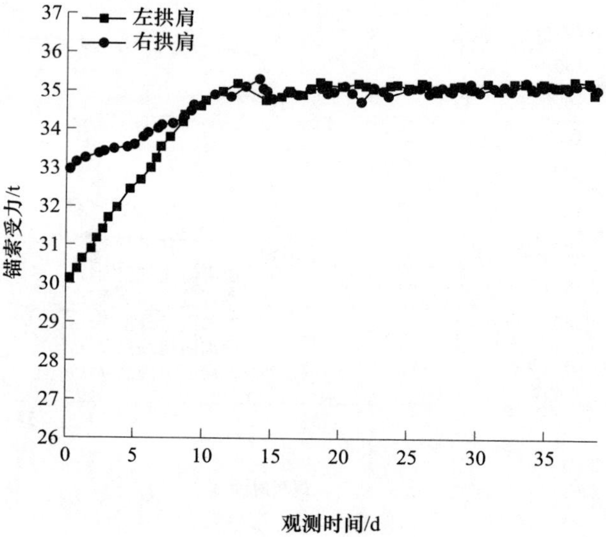

图 6.32　K1795 断面受力情况

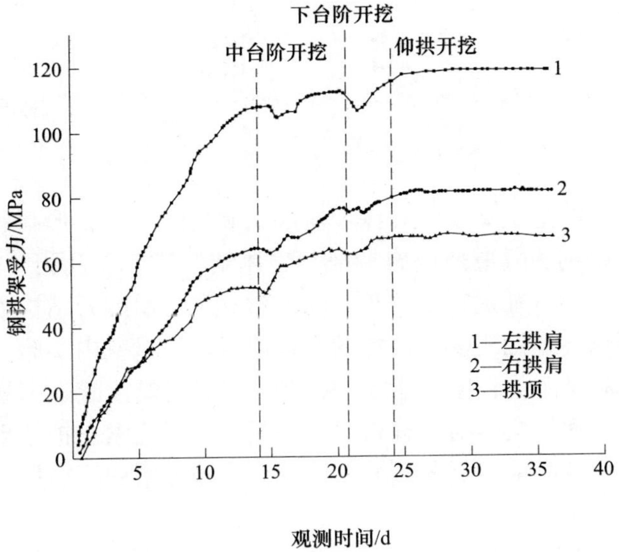

图 6.33 K1795 钢拱架受力情况

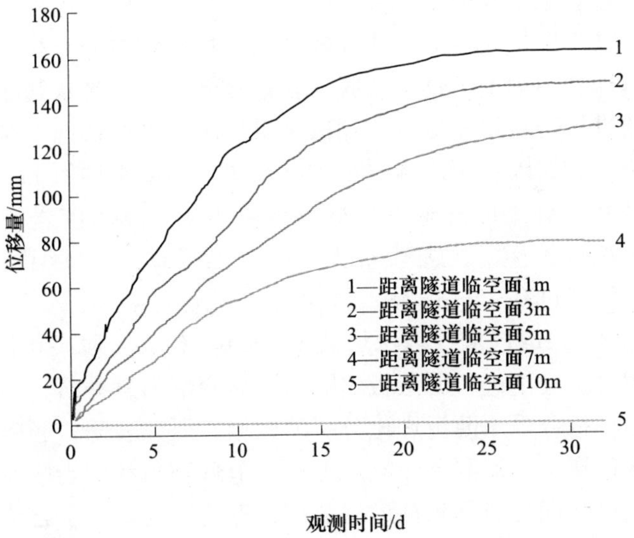

图 6.34 K1795 左肩窝处多点位移情况

结　论

本书针对木寨岭隧道2号斜井深埋薄层状软岩隧道大变形问题，通过工程地质条件的分析，得到了隧道地应力特征、岩体结构特征以及相关岩石力学参数，对隧道围岩宏观变形特征进行了分析，同时建立了隧道围岩结构力学模型及数值模型，分析了影响隧道围岩变形破坏的主控因素。通过室内实验、理论分析及数值模拟，讨论了高预紧力恒阻锚索支护机制，设计了基于隧道围岩非对称变形的非对称支护方案。通过实验对比分析了高预紧力恒阻锚索支护效果，最终通过支护方案的工程应用及相应数据监测分析，论证了该方案的可靠性。通过以上研究得出了以下主要结论：

（1）木寨岭隧道2号斜井围岩较为破碎，优势节理在0~90°均有分布，板岩厚度多集中于10~30cm，岩性以炭质板岩为主，偶加砂岩，构造较为发育，部分区域岩层含水。本区域三个主应力相互作用关系：$S_H > S_h > S_v$，最大水平应力>最小水平应力>垂直应力。最大水平主应力方向与木寨岭隧道2号斜井夹角为37°~42°。根据《工程岩体分级标准》判断该区域属于极高地应力，且地层岩体较为破碎，隧道围岩发生大变形可能性较高。通过矿物成分分析，得到其矿物成分，研究表明，样品中黏土矿物中蒙脱石含量较低，故其吸水膨胀性有限。利用点载荷实验仪器进行岩石强度测试，测试结果表明，天然状态下炭质板岩样品单轴强度平均值为29.5MPa；炭质板岩饱和吸水单轴强度平均值11.7MPa。

（2）对原支护设计下的隧道围岩变形分析表明，隧道围岩变形有明显不对称性，隧道初支破坏严重，主要表现为：混凝土开裂、钢拱架扭曲、初支失稳等。围岩左肩变形超过0.25m区域，占比统计区域内42%，变形超过1m区域，占比20%。变形超过1m区域，埋深均大于500m。建立了薄层状板岩隧道的结构力学模型，采用薄板理论进行薄层板岩隧道围岩变形因素分析，并采用摩尔库仑理论模型分析了不符合采用薄板理论分析的区域，研究表明，影响薄层板岩隧道变形的主控因素包括：隧道洞径，隧道埋深，节理倾角和围岩吸水软化。针对木寨岭2号斜井优势节理突出且多种形态节理共存的情况提出了含优势节理组等效遍布节理的模拟建模方法，通过GSI地质分级指标的方法，进行了岩石强度与岩体强度转换，得到了数值模拟所需相关参数。针对15°、30°、45°、60°、75°节理倾角围岩进行数值分析，得到了同一埋深条件下，不同围岩节理倾角对隧道稳定性的影响，研究表明：45°节理倾角相比其他倾角条件，围岩变形更明显。对比分析了节理倾角在45°情况下，不同埋深对隧道变形的影响，研究表明：随着埋深增加，隧道变形破坏情况加剧，当埋深500m时，隧道出现了失稳现象，不仅出现了左肩窝处薄板弯曲破坏，也出现了隧道围岩块体滑移失稳。考虑围岩吸水软化现象，对比了隧道围岩在自然状态及围岩吸水软化状态下的围岩变形情况，结果表明：围岩吸水软化后，隧道整体变形严重，明显出现失稳现象。同时，围岩吸水软化后塑性区也明显扩展，围岩浅部岩体依然拉伸，与剪切破坏共存，深部围岩以剪切破坏为主。

（3）通过对恒阻锚索进行了静力学拉伸实验，实验表明：恒阻锚索变形过程分为弹性拉伸阶段、恒阻拉伸阶段、恒阻大变形锚索失效阶段；恒阻锚索弹性拉伸距离为0~50mm，恒阻拉伸阶段约为350mm，恒阻值约为35t。分析了恒阻锚索吸收能量的机理，对围岩变形过程中产生能量进行分析，采用薄板弹性地基梁计算方法得到钢拱架及初喷混凝土吸收能量，将围岩产生能量与钢拱架、初喷吸收能量做差，得到恒阻锚索应该吸收能量。分析了高预紧力长短锚索相互作用下的岩体组合梁及悬吊作用，研究认为：短锚索在预紧力的作用下，形成组合梁（组合梁理论），将薄板挤压形成厚板提高其抗弯刚度。根据悬吊理论，长锚索将短锚索形成的组合梁悬吊于稳定岩层之中，从而避免组合梁的失稳。进行了高预紧力NPR锚索与围岩相互作用关系数值分析，研究表明，在35t预紧力控制作用下，虽然锚索对围岩作用力存在预紧力损失，但高预紧力作用下长短恒阻锚索产生的应力场能够有效覆盖支护范围内顶板，能够对顶板主动加固起到作用。

（4）提出了采用高预紧力恒阻锚索+锚网+W钢带+钢拱架+喷浆的初支体系，并采用非对称支护设计控制隧道围岩关键部位变形。针对不同埋深条件下的薄层板岩隧道进行了相关物理实验方案设计、相似参数设计、加载设计、监测设计，采用3D打印技术进行了恒阻锚索等比小型化制作，在此基础上进行了相似模拟实验对比研究，对比分析隧道在无支护条件及含恒阻锚索条件下的位移及应力变化特征。相似模拟实验表明，随着埋深的不断增加，无支护条件下的隧道围岩破坏更加明显，在恒阻锚索的控制下，隧道围岩并未发生显著破坏。围岩变形左肩处明显大于其他区域，存在明显的非对称变形。无支护条件下，随着围岩破坏，切应力最大值逐渐向围岩深部转移，含恒阻锚索支护控制作用下，切应力随着加载荷载的不断增加而增加，但并未表现出深移现象，说明恒阻锚索的控制下，提高了围岩的抗剪切能力。建立了考虑长短恒阻锚索以及钢架、混凝土的数值计算模型，采用摩尔库伦本构模型下的cable单元进行恒阻锚索的模拟，将钢拱架+初喷+钢筋网等效为实体模型进行数值建模，对比分析了隧道在长短恒阻锚索+钢架、混凝土、钢筋网的初支结构下，以及在钢架、混凝土、钢筋网的初支结构下（不含长短恒阻锚索），围岩的变形特征、塑性区分布特征以及切应力变化特征，研究表明：在无恒阻锚索支护情况下，隧道左肩处发生明显变形，隧道整体非对称变形特征明显；在含恒阻锚索的初支结构下，左肩处围岩变形略大于右肩，非对称变形明显降低，且变形量明显小于不含锚索支护情况；不含锚索的支护结构，随着计算步数增多，出现了切应力集中区域向围岩深部运移的现象，含锚索的支护结构向深部运移较小。恒阻锚索对围岩塑性区的发育有较好的控制效果。

（5）监测断面均位于埋深500m以下，隧道断面收敛基本在25~30天，左侧拱肩部位变形大于右侧，左侧拱肩最大变形量为230mm。上台阶开挖后围岩变形速率最大，仰拱完成后围岩变形逐渐停止。各部位变形收敛值均小于500mm设计预留变形量，围岩变形在可控范围内。在实施高预紧力恒阻锚索之前的K1613~K1713段落，换拱率达到40%。实施高预紧力恒阻锚索后，K1738~K1813段落，换拱率为0。预紧力设计为35t，通过对锚索测力计观测表明，由于预紧力损失，锚索作用于围岩上的力为28~30t。在围岩变形的影响下，高预紧力恒阻锚索受力起初线性增加，达到恒阻值后，因恒阻锚索固有性质，锚索受力维持在35t左右。通过对钢拱架应力监测表明，钢拱架左肩处应力最大，但钢拱架受力均未达到屈服强度。钢拱架在上台阶开挖之初受力急剧增加，后逐渐稳定。中台阶及仰拱的开挖，造成短暂拱架悬空，钢拱架受力减小，后钢拱架受力逐渐增加。围岩深部多点位移计表明，在5m恒阻锚索的高预紧力作用下，围岩浅部围岩形成组合梁，5m范围内的围岩离层较小。离层主要集中于围岩深部5~10m范围内。高预紧力恒阻锚索能够有效控制隧道围岩初期支护大变形问题。

参 考 文 献

[1] 徐则民，黄润秋．深埋特长隧道及其施工地质灾害［M］．成都：西南交通大学出版社，2000.

[2] Milnes A G . Structural Reinterpretation of the Classic Simplon Tunnel Section of the Central Alps [J]. Geological Society of America Bulletin, 1973, 84 (1): 269.

[3] 何满潮，李 晨，宫伟力，等．NPR 锚杆/索支护原理及大变形控制技术［J］．岩石力学与工程学报，2014，35（8）.

[4] He M C, Gong W, Wang J, et al. Development of a novel energy-absorbing bolt with extraordinarily large elongation and constant resistance [J]. International Journal of Rock Mechanics and Mining Sciences, 2014, 67: 29~42.

[5] Tao G, King M S. Shear-wave velocity and Q anisotropy in rocks; a laboratory study [J]. International Journal of Rock Mechanics & Mining Sciences & Geomechanics Abstracts, 1990, 27 (5): 353~361.

[6] Homand F, Morel E, Henry J P, et al. Characterization of the moduli of elasticity of an anisotropic rock using dynamic and static methods [J]. International Journal of Rock Mechanics & Mining Sciences & Geomechanics Abstracts, 1993, 30 (5): 527~535.

[7] Chen C S, Pan E, Amadei B. Determination of deformability and tensile strength of anisotropic rock using Brazilian tests [J]. International Journal of Rock Mechanics & Mining Sciences, 1998, 35 (1): 43~61.

[8] Nasseri M H B , Rao K S , Ramamurthy T . Anisotropic strength and deformation behavior of Himalayan schists [J]. International Journal of Rock Mechanics and Mining Sciences, 2003, 40 (1): 3~23.

[9] 冒海军，杨春和．结构面对板岩力学特性影响研究［J］．岩石力学与工程学报，2005，24（20）.

[10] 刘亚群，李海波，李俊如，等．基于 Hoek-Brown 准则的板岩强度特征研究［J］．岩石力学与工程学报，2009，28（a02）：3452~3457.

[11] 杨春和，冒海军，王学潮，等．板岩遇水软化的微观结构及力学特性研究［J］．岩土力学，2006，27（12）.

[12] 王慧文，李江腾，高吉超，等．干燥及饱水状态下基于巴西劈裂法的板岩抗拉强度[J]．中南大学学报（自然科学版），2017（4）.

[13] 宋勇军，雷胜友．干燥与饱水状态下炭质板岩变形特性分析［J］．地下空间与工程学报，2015，47（4）：619~625.

[14] 刘小军，刘新荣，王铁行，等．考虑含水劣化效应的浅变质板岩蠕变本构模型研究[J]．岩石力学与工程学报，2014（12）：2384~2389.

[15] 张德华，刘士海，任少强．高地应力软岩隧道中型钢与格栅支护适应性现场对比试验研究［J］．岩石力学与工程学报，2014（11）.

[16] 李鹏飞，田四明，赵勇，等．高地应力软弱围岩隧道初期支护受力特性的现场监测研究［J］．岩石力学与工程学报，2013（z2）.

[17] 沙鹏，伍法权，李响，等．高地应力条件下层状地层隧道围岩挤压变形与支护受力特征［J］．岩土力学，2015，36（5）：1407~1414.

[18] 郭小龙，谭忠盛，李磊，等．高地应力陡倾层状软岩隧道变形破坏机理分析［J］．土木工程学报，2017.

[19] Cao Chengyong, Shi Chenghua, et al. Squeezing failure of tunnels: A case study [J]. Tunnelling & Underground Space Technology, 2018, 77 (7): 188~203.

[20] Zhang G H , Jiao Y Y , Wang H . Outstanding issues in excavation of deep and long rock tunnels: a case study [J]. Revue Canadienne De Géotechnique, 2014, 51 (9): 984~994.

[21] Hoek E. Marinos P. Predicting tunnel squeezing problems in weak heterogeneous rock masses [J]. Tunn. Tunnel. Int., 2000, 32 (11): 45~51.

[22] Meguid M A, Rowe R K. Stability of D-shaped tunnels in a Mohr Coulomb material under anisotr [J]. Canadian Geotechnical Journal, 2006, 43 (43): 273~281.

[23] Brox D, Hagedorn H. Extreme Deformation and Damage during the Construction of Large Tunnels [J]. Tunnelling & Underground Space Technology, 1999, 14 (1): 23~28.

[24] Feng X, Jimenez R. Predicting tunnel squeezing with incomplete data using Bayesian networks [J]. Engineering Geology, 2015, 195: 214~224.

[25] Xie L X, Lu W B, Zhang Q B, et al. Damage evolution mechanisms of rock in deep tunnels induced by cut blasting [J]. Tunnelling and Underground Space Technology, 2016, 58: 257~270.

[26] Wang M Y, Zhang N, Li J, et al. Computational method of large deformation and its application in deep mining tunnel [J]. Tunnelling and Underground Space Technology, 2015, 50: 47~53.

[27] Lin P, Liu H, Zhou W. Experimental study on failure behaviour of deep tunnels under high in-situ stresses [J]. Tunnelling and Underground Space Technology, 2015, 46: 28~45.

[28] 何满潮，景海河，孙晓明．软岩工程地质力学研究进展［J］．工程地质学报，2000，8（1）.

[29] 柏建彪，王襄禹，贾明魁，等．深部软岩巷道支护原理及应用［J］．岩土工程学报，2008，30（5）：632~635.

[30] 李文秀，梁旭黎，赵胜涛，等．软岩地层隧道喷射混凝土衬砌研究［J］．岩石力学与工程学报，2005，24（a02）：5505~5508.

[31] 刘高，张帆宇，李新召，等．木寨岭隧道大变形特征及机理分析［C］// 中国岩石力学与工程学会 2005 年边坡、基坑与地下工程新技术新方法研讨会，2005.

[32] 李晓红，李登新，靳晓光，等．初期支护对软岩隧道围岩稳定性和位移影响分析［J］．岩土力学，2005，26（8）：1207~1210.

[33] 郭富利，张顶立，苏洁，等．地下水和围压对软岩力学性质影响的试验研究［J］．岩石力学与工程学报，2007，26（11）.

[34] 孙钧．陈宗基．岩石流变力学及其工程应用研究的若干进展［J］．岩石力学与工程学报，2007，26（6）：1081~1106.

[35] 赵旭峰，王春苗，孔祥利．深部软岩隧道施工性态时空效应分析［J］．岩石力学与工程

学报，2006，26（2）：404~409.
[36] 李丹，夏彬伟，陈浩，等．深埋长隧锚杆对围岩支护效应的模型试验研究［J］．岩土力学，2008，29（7）.
[37] 刘志春，李文江，朱永全，等．软岩大变形隧道二次衬砌施作时机探讨［J］．岩石力学与工程学报，2008，27（3）：580.
[38] 王树仁，刘招伟，屈晓红，等．软岩隧道大变形力学机制与刚隙柔层支护技术［J］．中国公路学报，2009，22（6）.
[39] 田洪铭，陈卫忠，谭贤君，等．高地应力软岩隧道合理支护方案研究［J］．岩石力学与工程学报，2011（11）.
[40] 陈卫忠，田洪铭，杨阜东，等．泡沫混凝土预留变形层对深埋软岩隧道长期稳定性影响研究［J］．岩土力学，2011，32（9）：2577~2583.
[41] 李鸿博，戴永浩，宋继宏，等．峡口高地应力软岩隧道施工监测及支护对策研究［J］．岩土力学，2011（s2）：496~501.
[42] 原小帅，张庆松，李术才，等．超大断面炭质千枚岩隧道新型支护结构长期稳定性研究［J］．岩土力学，2011（s2）：556~561.
[43] 吴金刚，陈仁东，杨冰，等．公路隧道预设计中系统锚杆配置范围的研究［J］．土木工程学报，2012（2）：147~154.
[44] 田洪铭，陈卫忠，郑朋强，等．考虑流变效应的高地应力软岩隧道断面形态优化研究［J］．岩土力学，2016（z2）.
[45] 戴永浩，陈卫忠，田洪铭，等．大梁隧道软岩大变形及其支护方案研究［J］．岩石力学与工程学报，2015（S2）：4149~4156.
[46] 张德华，雷可，谭忠盛，等．软岩大变形隧道双层初期支护承载性能对比试验研究[J]．土木工程学报，2017.
[47] 丁远振，谭忠盛，马栋，等．高强钢筋格栅在Ⅳ级围岩隧道中的支护效果研究［J］．土木工程学报，2017.
[48] 郭小龙，谭忠盛，李磊，等．高地应力陡倾层状软岩隧道变形破坏机理分析［J］．土木工程学报，2017.
[49] 于天赐．软岩隧道大变形控制技术研究［J］．土木工程学报，2017.
[50] 郭小龙，谭忠盛，李磊，等．早强锚杆在高地应力层状软岩隧道中的应用研究［J］．土木工程学报，2017（s1）：59~64.
[51] 丁远振，谭忠盛，马栋．高地应力断层带软岩隧道变形特征与控制措施研究［J］．土木工程学报，2017（s1）：129~134.
[52] 于远祥，陈宝平，张涛，等．基于锚杆受力分析的软岩隧道变形规律及柔模支护技术［J］．中国公路学报，2018，31（6）.
[53] Huaning W，Guo X，Mingjing J，et al. Investigation of rock bolting for deeply buried tunnels via a new efficient hybrid DEM-Analytical model［J］. Tunnelling and Underground Space Technology，2018，82：366~379.
[54] Lai J，Wang X，Qiu J，et al. Extreme deformation characteristics and countermeasures for a tunnel in difficult grounds in southern Shaanxi，China［J］. Environmental Earth Sciences，

2018, 77 (19).
[55] Wu G, Chen W, Tian H, et al. Numerical evaluation of a yielding tunnel lining support system used in limiting large deformation in squeezing rock [J]. Environmental Earth Sciences, 2018, 77 (12): 439.
[56] Merlini D, Stocker D, Falanesca M, et al. The Ceneri Base Tunnel: Construction Experience with the Southern Portion of the Flat Railway Line Crossing the Swiss Alps [J]. Engineering, 2018, 4 (2): 235~248.
[57] Zhang Z, Shi X, Wang B, et al. Stability of NATM tunnel faces in soft surrounding rocks [J]. Computers and Geotechnics, 2018, 96: 90~102.
[58] Meng Q, Zhao H, Zhu C, et al. Analytical and Reliability Study of the Tunnel with Rockbolts in Rock Masses [J]. Periodica Polytechnica Civil Engineering, 2018, 62 (3): 783~791.
[59] Wang B, Li T, He C, et al. Characteristics, causes and control measures of disasters for the soft-rock tunnels in the Wenchuan seismic regions [J]. Journal of Geophysics and Engineering, 2016, 13 (4): 470.
[60] Zhao D, Jia L, Wang M, et al. Displacement prediction of tunnels based on a generalised Kelvin constitutive model and its application in a subsea tunnel [J]. Tunnelling and Underground Space Technology, 2016, 54: 29~36.
[61] 何满潮，王炯，孙晓明，等．负泊松比效应锚索的力学特性及其在冲击地压防治中的应用研究 [J]. 煤炭学报，2014，39 (2)：214~221.
[62] 何满潮，郭志飚．恒阻大变形锚杆力学特性及其工程应用 [J]. 岩石力学与工程学报，2014，33 (7)：1297~1308.
[63] 孙晓明，王冬，王聪，等．恒阻大变形锚杆拉伸力学性能及其应用研究 [J]. 岩石力学与工程学报，2014，33 (9)：1765~1771.
[64] He Manchao, Gong Weili, Wang Jiong, et al. Development of a novel energy-absorbing bolt with extraordinarily large elongation and constant resistance [J]. Int J Rock Mech. Min. Sci, 2014, 67: 29~62.
[65] Tao Z, Zhang H, Chen Y, et al. Support principles of NPR bolt/cable and control techniques of large-deformation disasters [J]. International Journal of Mining Science and Technology, 2016, 26 (6): 967~973.
[66] He M C, Li C, Gong W L, et al. Dynamic behavior of NPR bolt and its application to rock burst control [J]. Rock Dynamics: From Research to Engineering, 2016.
[67] Tao Z, Pang S, Zhou Y, et al. Static Pull Testing of a New Type of Large Deformation Cable with Constant Resistance [J]. Advances in Materials Science and Engineering, 2017.
[68] Cui Z, Liu D, Wu F. Influence of dip directions on the main deformation region of layered rock around tunnels [J]. Bulletin of Engineering Geology and the Environment, 2014, 73 (2): 441~450.
[69] Cacciari P P, Futai M M. Modeling a shallow rock tunnel using terrestrial laser scanning and discrete fracture networks [J]. Rock Mechanics and Rock Engineering, 2017, 50 (5): 1217~1242.

[70] Konietzky H, Te Kamp L, Hammer H, et al. Numerical modelling of in situ stress conditions as an aid in route selection for rail tunnels in complex geological formations in South Germany [J]. Computers and Geotechnics, 2001, 28 (6~7): 495~516.
[71] Shreedharan S , Kulatilake P H S W . Discontinuum-Equivalent Continuum Analysis of the Stability of Tunnels in a Deep Coal Mine Using the Distinct Element Method [J]. Rock Mechanics and Rock Engineering, 2015, 49 (5).
[72] Xing Y, Kulatilake P, Sandbak L A. Effect of rock mass and discontinuity mechanical properties and delayed rock supporting on tunnel stability in an underground mine [J]. Engineering Geology, 2018, 238: 62~75.
[73] Yang Z M, Wu S C, Gao Y T, et al. Time and technique of rehabilitation for large deformation of tunnels in jointed rock masses based on FDM and DEM numerical modeling [J]. Tunnelling and Underground Space Technology, 2018, 81: 669~681.
[74] Bouzeran L, Furtney J, Pierce M, et al. Simulation of ground support performance in highly fractured and bulked rock masses with advanced 3DEC bolt model [C] //Proceedings of the Eighth International Conference on Deep and High Stress Mining. Australian Centre for Geomechanics, 2017: 667~680.
[75] Bahrani N, Hadjigeorgiou J. Influence of Stope Excavation on Drift Convergence and Support Behavior: Insights from 3D Continuum and Discontinuum Models [J]. Rock Mechanics and Rock Engineering, 2018: 1~19.
[76] 侯晓兵. 基于 3DEC 的深埋软岩煤巷 U 型钢支架-锚网索耦合支护 [J]. 煤矿安全, 2018, 49 (7): 134~137.
[77] 江东海, 李恭建, 马文强, 等. 复杂节理岩体巷道非均称底鼓机制及控制对策 [J]. 采矿与安全工程学报, 2018.
[78] 徐则民, 黄润秋, 王士天. 隧道的埋深划分 [J]. 中国地质灾害与防治学报, 2000, 11 (4): 5~10.
[79] 袁珂, 廖立兵, 万红波, 等. 膨润土中方石英和 α-石英的定量相分析——X 射线衍射外标法和 *K* 值法的对比 [J]. 硅酸盐学报, 2011, 39 (2): 377~382.
[80] 王超, 宋爱霞. 提高黏土矿物 *K* 值法定量精度的方法探讨 [C] // 全国 X 射线分析学术会议, 1995.
[81] 张春玲, 张传鹏, 徐静. 岩石点荷载强度与单轴抗压强度的对比试验 [J]. 地下空间与工程学报, 2015, 11 (S2): 447~451.
[82] 李莉, 陈万吉, 郑楠. 修正偶应力理论层合薄板稳定性模型及尺度效应 [J]. 工程力学, 2013, 30 (5): 1~7.
[83] 俞秉义. 矩形薄板的综合边界问题 [J]. 沈阳工业大学学报, 1989 (1): 79~91.
[84] 李俊永, 吕和祥. 弹性力学 Hamilton 体系下的稳定问题 [J]. 工程力学, 2007, 24 (8): 81~85.
[85] 邓尚平, 傅鹤林. 板裂介质围岩中的隧道衬砌与围岩相互作用机理 [J]. 采矿技术, 2003, 3 (1): 46~48.
[86] 温森, 赵延喜. 深埋隧洞层状围岩变形分析 [J]. 金属矿山, 2009 (4).

[87] 叶柏龙，喻爱南，蓝燕. 位于异性异厚介质中的单层褶皱理论 [J]. 中南工业大学学报（自然科学版），1995（6）：707~710.

[88] 赵小飞，王应峰，王艳丽，等. 结构计算中艾里应力函数的物理意义 [J]. 中国西部科技，2010，9（7）：58~59.

[89] 郭晓菲，马念杰，赵希栋，等. 圆形巷道围岩塑性区的一般形态及其判定准则 [J]. 煤炭学报，2016，41（8）：1871~1877.

[90] 王洪涛，尤春安，王绪勇. 不同屈服条件对巷道围岩塑性区的影响研究 [J]. 水电能源科学，2011，29（3）：107~109.

[91] 王卫军，郭罡业，朱永建，等. 高应力软岩巷道围岩塑性区恶性扩展过程及其控制[J]. 煤炭学报，2015，40（12）：2747~2754.

[92] Gao Z，Meng X，Wang G，et al. Analysis of the Plastic Zone of Surrounding Rock Under Seepage and a Non-Axisymmetric Load [J]. Modern Tunnelling Technology，2014，51（2）：70~75.

[93] Li C，Xu J，Pan J，et al. Plastic zone distribution laws and its types of surrounding rock in large-span roadway [J]. International Journal of Mining Science & Technology，2012，22（1）：23~28.

[94] 尹显俊，王光纶. 岩体结构面法向循环加载本构关系研究 [J]. 岩石力学与工程学报，2005，24（7）：1158~1163.

[95] Schwalbe K H. Ductile crack growth under plane stress conditions：Size effects and structural assessment—I. Size and geometry effects on crack growth resistance [J]. Engineering Fracture Mechanics，1992，42（2）：211~219.

[96] Dong S，Yi X，Feng W. Quantitative Evaluation and Classification Method of the Cataclastic Texture Rock Mass Based on the Structural Plane Network Simulation [J]. Rock Mechanics and Rock Engineering，2018（2）.

[97] Sun X，Li G，Zhao C，et al. Investigation of Deep Mine Shaft Stability in Alternating Hard and Soft Rock Strata Using Three-Dimensional Numerical Modeling [J]. Processes，2019，7(1)：2.

[98] Itasca Consulting Group，Inc. 3DEC User Manual；Itasca Consulting Group，Inc.：Minneapolis，MN，USA，2016.

[99] Yang S Q ，Chen M ，Jing H W ，et al. A case study on large deformation failure mechanism of deep soft rock roadway in Xin \ An coal mine，China [J]. Engineering Geology，2017，217：89~101.

[100] Hoek E，Diederichs M S. Empirical estimation of rock mass modulus [J]. Int. J. Rock Mech. Min. Sci.，2006，43：203~215.

[101] Hoek E，Carranza-Torres C，Curkum B. Hoek-Brown failure criterion—2002 Edition [C] // In Proceedings of the Fifth North American Rock Mechanics Symposium，Toronto，On Canada，2002，1：267~273.

[102] 陶志刚，赵帅，张明旭，等. 恒阻大变形锚杆/索力学特性数值模拟研究 [J]. 采矿与安全工程学报，2018，35（1）：40~48.

[103] 李猛，张吉雄，姜海强，等. 固体密实充填采煤覆岩移动弹性地基薄板模型 [J]. 煤

炭学报，2014，39（12）.
[104] 康红普，王金华．煤巷锚杆支护理论与成套技术［M］．北京：煤炭工业出版社，2007.
[105] 张国华，张雪峰，蒲文龙，等．回采巷道顶板锚杆组合作用下锚杆预紧力理论确定［J］．湖南科技大学学报（自然科学版），2009，24（3）.
[106] 尤明庆．围压对岩石试样强度的影响及离散性［J］．岩石力学与工程学报，2014，33（5）：929~937.
[107] 尤明庆．统一强度理论的试验数据拟合及评价［J］．岩石力学与工程学报，2008，27（11）.
[108] Jiang B，Wang Q，Li S C，et al. The research of design method for anchor cables applied to cavern roof in water-rich strata based on upper-bound theory［J］. Tunnelling and Underground Space Technology，2016，53：120~127.
[109] Fraldi M ，Guarracino F . Limit analysis of collapse mechanisms in cavities and tunnels according to the Hoek-Brown failure criterion［J］. International Journal of Rock Mechanics and Mining Sciences，2009，46（4）：665~673.
[110] 郑颖人，龚晓南，等．岩土塑性力学基础［M］．北京：中国建筑工业出版社，1989.
[111] Fraldi M ，Guarracino F . Limit analysis of collapse mechanisms in cavities and tunnels according to the Hoek-Brown failure criterion［J］. International Journal of Rock Mechanics and Mining Sciences，2009，46（4）：665~673.
[112] 郑雨天，朱浮声．预应力锚杆体系—锚杆支护技术发展的新阶段［J］．矿山压力与顶板管理，1995（1）：2~7.
[113] 陈庆敏，郭颂．基于高水平地应力的锚杆“刚性”梁支护理论及其设计方法［C］//21 世纪高效集约化矿井学术研讨会，2001.
[114] 张农，高明仕．煤巷高强预应力锚杆支护技术与应用［J］．中国矿业大学学报，2004（5）：524~527.
[115] 康红普，王金华，林健．高预应力强力支护系统及其在深部巷道中的应用［J］．煤炭学报，2007，32（12）：1233~1238.
[116] 康红普，姜铁明，高富强．预应力在锚杆支护中的作用［J］．煤炭学报，2007，32（7）：680~685.
[117] 康红普，林健，吴拥政．全断面高预应力强力锚索支护技术及其在动压巷道中的应用［J］．煤炭学报，2009（9）：1153~1159.
[118] 何满潮．软岩工程力学［M］．北京：科学出版社，2002.
[119] 刘高，聂德新，韩文峰．高应力软岩巷道围岩变形破坏研究［J］．岩石力学与工程学报，2000，19（6）：726.
[120] 何满潮，景海河，孙晓明．软岩工程地质力学研究进展［J］．工程地质学报，2000（1）：46~62.
[121] 何满潮，彭涛．高应力软岩的工程地质特征及变形力学机制［J］．矿山压力与顶板管理，1995，2：8~11.
[122] 宋志敏，程增庆，张生华．构造应力区软岩巷道围岩变形与控制［J］．采矿与安全工程学报，2005（4）.

[123] 何满潮，王晓义，刘文涛，等．孔庄矿深部软岩巷道非对称变形数值模拟与控制对策研究［J］．岩石力学与工程学报，2008（4）：30～35.

[124] 张国锋，于世波，李国峰，等．巨厚煤层三软回采巷道恒阻让压互补支护研究［J］．岩石力学与工程学报，2011，30（8）：1619～1626.

[125] 黄万朋．深井巷道非对称变形机理与围岩流变及扰动变形控制研究［D］．北京：中国矿业大学（北京），2012.

[126] 张农，李宝玉，李桂臣，等．薄层状煤岩体中巷道的不均匀破坏及封闭支护［J］．采矿与安全工程学报，2013.

[127] 伍永平．巷（隧）道支护中的非对称荷载效应［J］．长安大学学报（自然科学版），2001，21（4）：55～57.

[128] 周钢，王鹏举，邹长磊，等．复杂构造应力采区沿空掘巷非对称支护研究［J］．采矿与安全工程学报，2014.

[129] 杨科，谢广祥．大倾角煤层回采巷道非对称锚网索支护与实践［J］．地下空间与工程学报，2013.

[130] 蒋树屏．大跨度扁坦隧道动态施工的相似模拟与数值分析研究［J］．岩石力学与工程学报，2000，19（5）：567.

[131] 蒋树屏，黄伦海，宋从军．利用相似模拟方法研究公路隧道施工力学形态［J］．岩石力学与工程学报，2002（5）：662～666.

[132] 沈泰．地质力学模型试验技术的进展［J］．长江科学院院报，2001，18（5）：32～36.

[133] 芮嘉白，金观昌，徐秉业．一种新的数字散斑相关方法及其应用［J］．力学学报，1994，26（5）：599～607.

[134] 王怀文，亢一澜，谢和平．数字散斑相关方法与应用研究进展［J］．力学进展，2005，35（2）：195～203.

[135] 马少鹏，金观昌，潘一山．岩石材料基于天然散斑场的变形观测方法研究［J］．岩石力学与工程学报，2002，21（6）：792～796.

[136] 高建新，周辛庚．变形测量中的数字散斑相关搜索方法［J］．实验力学 1991（4）.

[137] 姚强．西攀、攀田高速公路隧道围岩稳定性研究［D］．成都：成都理工大学，2008.

[138] 杨忠民．大变形诱发隧道塌方全过程分析及防治技术研究［D］．北京：北京科技大学，2019.

[139] 朱训国，杨庆，栾茂田．岩体锚固效应及锚杆的解析本构模型研究［J］．岩土力学，2007，28（3）：527～532.

[140] 何思明，李新坡．预应力锚杆作用机制研究［J］．岩石力学与工程学报，2006（9）.

[141] 杨松林，朱焕春，刘祖德．加锚层状岩体的本构模型［J］．岩土工程学报，2001，23（4）：427～430.

[142] 贾金青，郑卫锋，陈国周．预应力锚杆柔性支护技术的数值分析［J］．岩石力学与工程学报，2005，24（21）.

[143] 刘洪涛，王飞，王广辉，等．大变形巷道顶板可接长锚杆支护系统性能研究［J］．煤炭学报，2014，39（4）：600～607.

[144] 李术才，朱维申．加锚节理岩体断裂损伤模型及其应用［J］．水利学报，1998.